EL SIGLO EN QUE VIVIMOS

CHILE: 1900 - 1999

A Clara,
por los muchos años
vividos en común en
este siglo XX.
Con amistad y afecto
Carlos

EL SIGLO EN QUE VIVIMOS

CHILE: 1900 - 1999

Carlos Orellana

PLANETA

Inscripción Nº 110.906 (1999)

Santa Lucía 360, 7º piso, Santiago (Chile)

ISBN 956-247-245-0

Diseño de cubierta: José Bórquez
Composición: Salgó Ltda.

Primera edición: octubre de 1999

Impreso en Chile por
Andros Ltda.

A Jacqueline

La discusión ha casi desaparecido o, al menos, ha bajado de tono. Pero volverá, porque astrónomos, matemáticos y profesionales de ramos afines sostienen –y muchos abrigamos la sospecha que están en la razón– que el Siglo XXI comienza en verdad el 1 de enero del 2001, y cuando la fecha se acerque, el debate volverá a cobrar actualidad y abundarán de una y otra parte los argumentos y tentativas de demostración.

Lo cierto es que, aunque no tengan de su lado a la mayoría del campo científico, quienes decidieron que el nuevo siglo comienza con el Dos Mil están por el momento ganando la batalla. O la ganaron, porque así está ya decidido, y gobiernos y autoridades de todo orden, medios de comunicación, intelectuales y artistas, empresarios (que son, hoy, los que deciden la Historia) y simples ciudadanos de a pie, se preparan nerviosa y gozosamente a participar de los grandes festejos previstos. Una minuciosa preparación conmemorativa a nivel planetario.

La forma en que se ha dirimido la controversia tiene una explicación, obedece a una lógica: el Dos Mil es una fecha rutilante, como todas las cronologías de números redondos, pero su alcance es mucho mayor, porque habiéndose decretado que es fin de siglo y, por añadidura, fin de milenio, se multiplica casi hasta lo infinito su prestigio y capacidad de fascinación. Desde siempre, además, el año Dos Mil luce una filiación mitológica; lo rodea un aura mágica que envuelve tanto oscuros presagios como excitantes ansiedades. Sea porque cierra un dilatado ciclo histórico –lo que para algunos tiene connotaciones apocalípticas– o porque abre para otros una nueva era acaso esperanzadora.

Como quiera que sea, el Dos Mil se instaló ya entre nosotros y la conmemoración está resultando espectacular. El mundo se asoma al acontecimiento como mimando, sin proponérselo, el frenesí desesperado, la euforia ciega e irracional de quien cree disponer de todos los poderes y acaso sólo se trate del instante previo al último suspiro.

Pero no es únicamente hora de fiestas y fanfarrias; también de reflexión y de balances. Y a eso apunta este libro.

El Siglo en que vivimos no es, como resulta fácil de comprobar, una historia de Chile del Siglo XX. Aspira a ser –ateniéndose a las acepciones nobles del vocablo– una sumatoria de algunos de los hechos más significativos vividos por los chilenos en la centuria que está terminando. Aquellos que marcaron un año, que definen una situación determinada o que instalan en la mira a un personaje. En los más variados campos de la vida nacional, porque a diferencia de otras obras de carácter similar, en ésta el eje está lejos de situarse sólo en la política o los conflictos sociales. Estos figuran, como es natural, pero acompañados de una información que con frecuencia omiten los libros de historia sobre la presencia y papel en ésta de la literatura y el arte, los espectáculos, el deporte, los medios de comunicación. Información ciertamente escueta, la máxima posible dentro del exiguo margen que ofrece una cronología como la presente.

El libro no es, en suma, la historia del siglo. Sí un ordenamiento de datos que facilitan su comprensión, que ilustran el curso dominante de los acontecimientos, los flujos y reflujos de los personajes, las ideas y los movimientos que han dejado huellas importantes en nuestra identidad histórica y cultural.

La cronología se propone también revalorizar muchas de las cosas que han ocurrido entre nosotros y que no siempre ocupan un lugar en la reconstitución de nuestra historia. Deja constancia de que han existido y de que en tanto situaciones y personajes que estuvieron en algún momento presentes, nos han hecho, para bien o para mal, tributarios de su tránsito por el siglo. La advertencia podría ser inoficiosa si no fuera por la insistencia posmoderna –hoy, al parecer, en plan de discreto repliegue– en sacralizar el presente a costa de la negación del pasado y el desdén por el futuro. La nuestra es, en relación con esto, una apuesta por la reconstitución de la memoria y la recuperación del conocimiento y el respeto por la obra que han acometido nuestros predecesores. Tanto, en verdad, por aquello tan citado de que el olvido de las tragedias conlleva el riesgo de repetirlas, como porque las cosas grandes y buenas que en alguna ocasión se han hecho, son datos útiles para una realización más plena de la obra en que podamos hoy estar empeñados. Valga la observación a propósito del joven escritor chileno que, indiferente a cuanto se había escrito en Chile con anterioridad a él y a los pares de su generación, necesitó viajar para descubrir (y apreciar) en una universidad extranjera, la existencia de realidades literarias chilenas de otro tiempo enteramente válidas.

El siglo en que vivimos es una invitación al reencuentro con los cien años más convulsos y vertiginosos de nuestra historia. Son también, por una razón de cercanía, los más importantes y hasta quizás decisivos en las vidas mismas del autor y de quienes lleguen a leer estas páginas.

Mis agradecimientos a todos los que hicieron posible la preparación de esta cronología. A Hernán Soto y Darío Oses, por sus atinadas indicaciones y oportunos consejos; y en particular, a Jacqueline Mouesca, por múltiples razones, y además porque es ella la autora de toda la información que este libro contiene sobre la creación y el espectáculo cinematográficos en Chile.

EL AUTOR

1900-1909

En 1902 circula en Santiago el primer automóvil, y tres años después la ciudad se ve poblada de ellos. Son signos de una prosperidad que el país le debe al salitre, y que genera una riqueza cuyo usufructo sólo conocen las clases acomodadas.

Política, sociedad

1900 El peso se cotiza a dieciseis y medio peniques. La burocracia estatal está compuesta por algo más de 13.000 funcionarios. Las noticias de la guerra de los *boers* sirven para dramatizar más el riesgo de conflicto con Argentina. La prensa hace correr rumores alarmistas: la invasión de Valdivia por los argentinos, la entrega de Bolivia entera al Gobierno de Buenos Aires, etc. El presidente Federico Errázuriz Echaurren es tildado de enfermo, timorato y frívolo. Las carreras de caballos empiezan a tomar vuelo y el 31 de marzo circula por la ciudad el primer tranvía eléctrico, instalado por la Compañía de Tracción Eléctrica, empresa alemana. El recorrido inaugural, meses después, va desde la Universidad de Chile hasta la Estación Central y el público aplaude entusiasmado al paso de los tranvías.

Algunos de los problemas más graves del país son el alcoholismo, la pasión política ciega, los conventillos, el juego, el arribismo, la desigualdad de clases, el espíritu de lucro, el bandolerismo, la promiscuidad, el cohecho, la criminalidad y la venalidad, la corrupción y la trapacería. Es lo que se concluye de las informaciones de prensa, según Alfonso Calderón.

En el mes de junio inicia la generación de corriente continua la primera planta térmica del país, The Chilean Electric Tramway and Light Co.

El salario de un obrero urbano calificado es de 3,8 pesos al día por una jornada de diez y media horas de trabajo, sin goce de beneficio social alguno. El obrero no calificado ganaba la mitad, y las mujeres y los niños la mitad de este último. Una pieza de conventillo costaba entre 40 y 50 pesos mensuales.

Cultura, espectáculos

1900 "Santiago era una ciudad agradable", sostiene un cronista. Cuando llega la Primavera, instala su carpa el Circo Bravo, y en la tercera cuadra de la calle Estado, donde antes estuvo la Farmacia Imperio se abre la sala Apolo, con 20 palcos y 250 plateas. Cuenta un diario que "coquetona y elegante, esta sala se hizo la favorita de la sociedad santiaguina". Luego estrenan allí la zarzuela *El seminarista,* que alterna sus presentaciones con funciones de un "cinematógrafo Lumière".

Enrique Mac Iver pronuncia en el Ateneo de Santiago su célebre discurso sobre "La crisis moral de la República". "El presente no es claro –sostiene– y el porvenir aparece entre sombras que producen intranquilidad". Las ideas de la conferencia son congruentes con el clima de revisión y balance que domina a Chile con motivo del cambio de siglo: en artículos de prensa, en discursos y proclamas se vuelve una y otra vez a la idea de que el país atraviesa por una crisis y enfrenta un período de decadencia.

Se fundan tres revistas culturales importantes: *Selecta, Instantáneas* y *Luz y Sombra*, esta última dirigida por Augusto D'Halmar.

En *La Tribuna*, de Valparaíso, se publican las aventuras de Rocambole, de Ponson du Terrail, que provocan un cierto escándalo. En *El Mercurio* de la misma ciudad, entretanto, aparece en entregas sucesivas la novela de Enrique Sienkewicz *Quo Vadis?,* que suscita todo tipo de elogios. La moda del folletín la cultivan también otros diarios: *La Ley, La Tarde, El Chileno, La Prensa.*

Un libro atrae particularmente la atención de

Política, sociedad

El total de inscritos en los establecimientos fiscales asciende a cerca de 172 mil alumnos, de los cuales 157 mil son estudiantes primarios, 12 mil 600 secundarios y poco más de mil doscientos estudian en la enseñanza superior.

Aparece en Santiago el diario *El Mercurio*, fundado por Agustín Edwards Mac-Clure. Con él se introduce en el país la concepción liberal moderna de la prensa: nace la *empresa periodística*, que crecerá constantemente agregando nuevas publicaciones y que se convertirá con los años en uno de los grandes poderes públicos verdaderos.

Se promulga la Ley de Servicio Militar Obligatorio, cuyo gestor fue el general alemán Emilio Körner, instructor militar y profesor de la Escuela Militar y de la Academia de Guerra.

Se funda el club de fútbol Santiago National que en sus orígenes agrupaba a la juventud más selecta de Santiago, aquella que frecuentaba el Club Hípico.

Cultura, espectáculos

los lectores: *La novela de un joven pobre*, de Octavio Feuillet.

En su número 1, *El Mercurio* informa del próximo estreno de la zarzuela *El gabán de pieles*, obra de Alberto Mackenna que contiene una honda crítica social.

En el teatro Municipal se estrena la ópera *La africana* de Meyerbeer, con un elenco en el que aparece el célebre barítono Tita Ruffo, entonces un desconocido para el público chileno. La prensa local lo llamaba "Raffo Titta", entre otros apodos, para ridiculizarlo.

Política, sociedad

1901 El Año Nuevo se celebra con actos de especial significación, porque en opinión general comienza "un siglo lleno de esperanzas". En *El Ferrocarril* se reseñan los festejos de la Plaza de Armas, donde se congregan miles de personas: A las doce de la noche "se echaron al vuelo las campanas y las tropas dispararon sus fusiles en salutación al nuevo siglo". En *El Mercurio,* un fervoroso artículo dedicado al tema concluye así: "¡Salud, siglo XX! ¡Que tus cien años sean otros tantos de felicidad para el género humano!"

En el Teatro Municipal se inaugura la Exposición de Higiene, Farmacia y Dentística, con participación de médicos nacionales y extran-

Cultura, espectáculos

1901 Se inaugura el teatro Santiago, llamado antes Olimpo y luego Politeama. Será durante años centro de operaciones de la compañía de zarzuelas de Pepe Vila y lo llamarán "templo de la zarzuela", aunque no es el único, ya que también cultivan el género los teatros Edén, Apolo y Variedades.

En el Santiago se proyectaban también películas con el *Wargraph*, sistema Lumière, "nuevo cinematógrafo que produce una ilusión completa", según el diario *La Tarde*. Algunas de las vistas: un paseo en Liverpool, un incendio en Londres, un viaje por el Nilo, un zafarrancho de combate a bordo de un buque inglés, etc.

jeros. "Difícilmente –anota un cronista, aludiendo a este evento– habríamos encontrado un homenaje más alto y más noble para celebrar el nuevo siglo".

En el mes de julio muere el Presidente de la República en ejercicio, Federico Errázuriz Echaurren, y en su reemplazo el Congreso Nacional elige en julio a Germán Riesco (1854-1916), candidato de la Alianza Liberal, quien gobernará hasta 1906.

Se funda en Iquique la primera Mancomunal obrera, que da comienzo a una forma de organización decisiva en la década en el movimiento obrero. El hecho se produce dos años después de haberse celebrado por primera vez en Santiago el 1º de mayo, Día Mundial de los Trabajadores.

Un suplementero, Martiniano Becerra, apodado "El Fantasma" adquiere gran fama como corredor imbatible. Llega a ser el primer maratonista del atletismo chileno.

Se introducen por primera vez las flores naturales en las honras fúnebres, en los que hasta entonces las reglas establecían el uso exclusivo de arreglos florales artificiales.

1902 En el mes de noviembre se da fin al litigio por los límites con Argentina con el fallo de Eduardo VII, Rey de Inglaterra, que da origen a los históricos Pactos de Mayo, en que se delimitan equitativamente los territorios de la zona austral.
A pesar de las bondades del acuerdo, algunos de sus aspectos, como el relacionado con la zona de Palena, sólo se pudieron poner en práctica en 1964.

Se fundan en Santiago dos importantes diarios: *Las Ultimas Noticias*, que aparece todavía en nuestros días, y cuyo primer direc-

Fuera de la zarzuela, la ópera es otra de las escasas posibilidades recreativas de la población. La soprano Celestina Boninsegna canta *Aída.*

"En casa, su tema favorito consistía en explicar las vicisitudes de su vida burocrática en Valparaíso, la irresistible temperatura que allí reinaba (...) "¡Dios mío! –exclamaba–. ¡Con aquel calor! (...) Nosotros seguíamos fumando cigarrillos para, por lo menos, ahuyentar los mosquitos con el humo. ¡Dios del cielo!" (Thomas Mann, en su novela *Los Buddenbrook*, publicada en 1901).

1902 Se publica *Juana Lucero* de Augusto D'Halmar, sobre la vida de una prostituta, novela naturalista que muestra una fuerte influencia de Zola.

Inés Echeverría de Larraín (1868-1949), publica *Hacia el oriente*, un libro de relatos. Es un hecho poco común en su tiempo el que una mujer publique una obra narrativa. Ella inicia así una extensa trayectoria literaria en que acuñaría el seudónimo *Iris.*

Se presenta en el Municipal el primer acto de la ópera *Caupolicán*, de Remigio Acevedo tor fue el escritor Joaquín Díaz Garcés. Aparece también *El Diario Ilustrado,* de orientación católica confesional, que se publicará ininterrumpidamente hasta el año 1970. Edwards Bello lo definirá como "distinguido diario de la calle Moneda, órgano del mundo católico, desayuno espiritual de conservadores y guía de conciencias en el gran mundo femenino". Más drástico, el diputado comunista César Godoy Urrutia lo llamará "El Felón Ilustrado". Paralelamente, cesa su publicación *El Ferrocarril*, fundado en 1855, uno de los grandes diarios chilenos del siglo XIX. Precipita su cierre el auge creciente de *El Mercurio.* En Santiago se publican varios cotidianos más: *La Libertad Electoral, El Porvenir, La Mañana, La Tarde, La Ley, El Estandarte Católico* y, por supuesto, *El Diario Oficial.* En Valparaíso aparece una revista, *Sucesos*, que tendrá durante treinta años una presencia significativa.

En el barrio Franklin inaugura sus actividades la Fábrica Nacional de Vidrios, que se convierte con los años en Cristalerías Chile, la más importante industria nacional en el ramo. Nace, además, la Compañía Cervecerías Unidas como producto de la fusión de tres empresas cerveceras.

Se funda el Internado Nacional Barros Arana, ideado en sus orígenes por el presidente Balmaceda.

Se dicta el Código de Procedimiento Civil, que reglamenta los mecanismos de realización de un proceso, y se crea el Servicio de Impuestos Internos.

Circula en Santiago el primer automóvil: un vehículo Darracq de 6 HP y de un cilindro. Los curiosos se detienen a mirar su paso por las calles de la capital.

Gajardo. La obra completa se programa por primera y única vez en 1942.

El 26 de mayo se estrena en el Teatro Odeón de Valparaíso lo que se considera la primera película nacional: *Un ejercicio general de bombas*. Dura tres minutos y de ella dice *El Mercurio* de Valparaíso: "En la segunda tanda se exhibieron las vistas tomadas del último ejercicio del Cuerpo de Bomberos (realizado un mes antes en la plaza Aníbal Pinto de la ciudad) que no pudieron apreciarse, desgraciadamente, en su justo valor, a causa de algunos desperfectos que se notaron en la luz eléctrica".

Fondea en la rada del puerto de Valparaíso el vapor "Liguria", que trae el American Biograph, con el cual se inaugura la llegada del cine norteamericano a Chile.

La sala Variedades –instalada en Ahumada entre Agustinas y Moneda– es el primer establecimiento que intenta, aunque sin éxito, dedicarse exclusivamente al cine. Proyecta desde el 18 de abril películas italianas, cintas "de 700 metros", y sus funciones contemplan precios rebajados para los niños. En octubre exhibe el primer noticiario nacional y vistas de tres minutos cada una: *Desfile del Congreso, El Te Deum del 18 de septiembre, La Parada militar del 19 en el Parque Cousiño,* etc.

Algunos espectáculos: *Miguel Strogoff*, montaje teatral basado en la novela de Julio Verne, las óperas *Tosca*, de Puccini, y *Lautaro*, de Eleodoro Ortiz de Zárate, una de las primeras óperas chilenas. También el circo Internacional Frank Braun. Los "groseros modales y chocarrería" del "clown" español Paco Bustos causan el disgusto de algunas de las familias asistentes, informa un diario.

En el teatro Santiago se desarrolla el primer combate de box profesional realizado en el país. Pelean el chileno Juan Budinich con un boxeador negro llamado Frank Jones. "El encuentro fue encarnizado y hasta sangriento, y la gente que lo presenció rugió de entusiasmo ante tan novedoso espectáculo", cuenta un cronista.

1903 A lo largo del año se suceden numerosas huelgas y conflictos sociales: las Mancomunales de Tocopilla, los obreros de la zona carbonífera, los estibadores de Valparaíso. En solidaridad con estos últimos se produce un movimiento que paraliza la actividad del puerto. La acción de un regimiento enviado por el Gobierno causa más de un centenar de muertos y cerca de 200 heridos, a pesar de lo cual diversos clubes sociales, connotados vecinos y la prensa local protestan por la debilidad mostrada por el Intendente en la represión.

Funciona en el país, particularmente en provincias, una extensa red de periódicos obreros: *La voz del obrero* (Taltal), *El grito del pueblo* (Valpaaíso), *El proletario* (Tocopilla), *El obrero mancomunal* (Iquique), y muchos más. Algunos alcanzan a publicarse durante una decena de años.

Con el nombre Cuerpo de Asistencia Social, se crea en Punta Arenas la primera entidad chilena de la Cruz Roja.

Asilo Maternal "Las Crèches" se llama la primera sala cuna de que se tenga noticia en el país. Se funda para cuidar a los hijos de madres trabajadoras.

1903 Muere el poeta Pedro Antonio González (1863-1903), autor de algunos poemas populares en su tiempo: "El monje", "El proscrito", "Mi vela".

El 6 de febrero nace en Chillán Claudio Arrau, destinado a convertirse en uno de los más notables pianistas del siglo.

El 16 de enero se filma una cueca en Playa Ancha, Valparaíso, en un almuerzo campestre. En la invitación de la Empresa Massonier, se advierte que es una "fiesta biográfico-humorística". Las vistas tomadas se exhiben en el Teatro El Almendral, donde funciona el Biógrafo Lumière.

En la revista *Sucesos* Nº 22, del mes de enero, aparece un artículo de Salvador A. Ribera sobre el "biógrafo", donde se explican las características del nuevo invento. Con ese nombre empezaron a designarse las salas que exhibían películas; la denominación se generalizó y mostró una rara vitalidad, y con el tiempo, además, pasó a llamarse así el espectáculo cinematográfico propiamente tal, acepción que se mantuvo en Chile hasta la década de los 40.

Llegan al país desde Buenos Aires ocho tambores con "vistas fijas de Chile y de la Argentina", que muestran entre otras cosas: la llegada al puerto del acorazado "San Martín", velada bailable en el acorazado argentino, travesía del navío por el Estrecho de Magallanes, desde donde la marinería argentina presencia "el magnífico efecto de la nieve en la cordillera de los Andes"; etc.

1904 Chile y Bolivia firman el Tratado de Paz y Amistad que normaliza sus relaciones, interrumpidas desde la Guerra del Pacífico. Se fijan las fronteras definitivas y Chile se compromete a construir el ferrocarril que unirá las ciudades de Arica y La Paz.

Con la asistencia de representantes de Tarapacá, Antofagasta, Valparaíso, Santiago y zona del carbón, se realiza la primera reunión de las Mancomunales Obreras del país.

Se inaugura el Cristo de los Andes, obra del escultor argentino Mateo Alonso. Está enclavado en plena cordillera a 4.200 metros sobre el nivel del mar.

En octubre se firma del Tratado de Paz y Amistad con Bolivia, conforme al cual este país cede definitivamente a Chile la provincia de Antofagasta. A cambio de esto, se conceden a Bolivia indemnizaciones económicas y facilidades de tránsito, entre ellas, la construcción del ferrocarril entre Arica y La Paz financiada por Chile.

En el laboratorio de Física de la Universidad de Chile se recibe una partícula mineral que contiene un milígramo de *radio,* el primero que llega al país desde su descubrimiento cinco años antes por los esposos Curie.

El primer partido de básquetbol jugado en Chile se realiza en el mes de noviembre en el Club Atlético de Santiago.

1904 El 12 de julio nace en Parral Neftalí Reyes Basoalto, quien llegará a ser mundialmente conocido como Pablo Neruda.

Se publica la primera edición de *Sub-terra,* de Baldomero Lillo (1867-1923), que da la partida al cuento moderno en Chile. Es, además, uno de los libros más representativos del "realismo social" en la literatura chilena. Casi un siglo después de su aparición, se mantiene vivo el interés de los lectores por estos ocho relatos sobre el submundo en que viven los mineros del carbón.

Los escritores Fernando Santiván y Augusto D'Halmar, junto con el pintor Julio Ortiz de Zárate, fundan la Colonia Tolstoyana, e intentan durante un tiempo vivir en contacto con la tierra conforme a las enseñanzas de León Tolstoi. Tras fracasar sus intentos de radicación en tierras del Sur, se instalan en San Bernardo, bajo el amparo del alcalde, el poeta y amigo Manuel Magallanes Moure. Con el tiempo, Santiván reconocerá que "el impulso (...) tenía más de literario, superficial y vanidoso, que de convicción sincera y perseverante".

Se publica *Raza chilena* de Nicolás Palacios (1854-1911). En ella sostiene la teoría del "valor humano superior" del "roto chileno" como producto de su condición de "mestizo de godo y araucano, ambos de psicología patriarcal". Dio pie para que Miguel de Unamuno hablara del "insufrible orgullo colectivo" del chileno, "sus pretensiones a una superioridad no siempre justificada, su desdén hacia sus vecinos y la falta de serenidad

1905 En el mes de octubre estalla en Santiago la llamada "huelga de la carne", causada por el encarecimiento del producto. La manifestación pública inicial desencadena motines callejeros que son violentamente reprimidos por la fuerza pública y por bandas de civiles armados. El saldo: más de 200 muertos y alrededor de 500 heridos.

La compañía norteamericana Braden Copper, subsidiaria de la Kennecot Copper, es autorizada para iniciar la explotación del mineral cuprífero de El Teniente, ubicado en la precordillera a 2.000 metros sobre el nivel del mar. Existente desde mediados del siglo XVIII, la mina había sido comprada por el ingeniero norteamericano William Braden en 1903 por una suma cercana a los veinte mil dólares.

Se funda en Santiago la revista *Zig-Zag*, que será durante la primera mitad del siglo uno de los magazines chilenos más influyentes. Su primer director fue el escritor Joaquín Díaz Garcés ("Angel Pino"), y durante sus

con que recibe los reproches". Según Ricardo Latcham, este libro "echó las bases del ensayo chileno moderno".

Aparece la novela *Los Trasplantados*, de Alberto Blest Gana, que tiene como tema la vida de los latinoamericanos en París.

El Alcalde de Santiago, Sr. Concha Subercaseaux, ordena la clausura de la sala Variedades porque da "películas inmorales" que "corrompen a la sociedad". El diario conservador *El Porvenir* aplaude la medida.

Se inaugura el Cristo de los Andes, obra del escultor argentino Mateo Alonso. Está enclavado en plena cordillera a 4.200 metros sobre el nivel del mar.

1905 En el Teatro Nacional de Santiago se proyectan con el "biógrafo" París y el gramófono Columbia, entre muchos otros films, *Las víctimas del alcohol, La novela del amor, La corrida de toros* y *Ladrones de nidos*. En otras fechas exhiben con el cinematógrafo "Kaurt", que se distingue por su nitidez y poca titilación, vistas como *"La guerra en sudáfrica, La coronación de Eduardo VII, Los funerales de Emilio Zola.*

El Biógrafo Kinora, en la calle Huérfanos, compite con la sala Variedades en la captación de público entre el "mundo aristocrático". Los "pobres", entre tanto, sólo contaban con un cine "nómade", el que exhibía, por ejemplo, el circo Quiroz-Rodríguez en funciones itinerantes.

Fallece Guillermo Blest Gana (1829-1905), uno de los poetas chilenos más destacados del siglo XIX.

Vuelve de Europa el músico Enrique Soro y

primeras décadas, colaborarán en ella algunos de los más brillantes escritores, periodistas y dibujantes chilenos. El primer número causó tal expectación que los cien mil ejemplares de tiraje se agotaron en pocas horas. Se publicará hasta 1964.

En torno a la revista surge y se desarrolla la Editorial Zig-Zag, que se convierte con los años en la más importante empresa chilena editora de revistas, cumpliendo además un notable papel en la publicación de libros.

Aparece *La Alborada*, el primer periódico chileno redactado por una mujer, Carmela Jeria Gómez.

Un asesinato en la alta sociedad conmueve a Santiago: Teresa Zañartu Vicuña es asesinada de una balazo por su esposo a la salida de una función de ópera en el teatro Municipal.

es nombrado, a los 21 años, director del Conservatorio Nacional de Música, donde desarrolla una notable labor en el terreno de la formación musical, fuera de su trabajo como compositor.

Se escuchan en Chile por primera vez las sinfonías de Beethoven, aunque no en teatros de Santiago sino en Valparaíso.

La periodista norteamericana Mary Robinson Wright publica en Filadelfia el libro *The Republic of Chile*, que según *El Mercurio*, es una obra "de gran lujo, con hermosas fotografías de personajes, escenas de la naturaleza, vistas de ciudades, monumentos, obras de arte, trabajos industriales, etc."

1906 En el mes de agosto la ciudad de Valparaíso es asolada por un violento terremoto que alcanza una magnitud de 8,6 grados. Destruye gran parte de la ciudad y deja un saldo de alrededor de tres mil muertos y más de 20.000 heridos. Fue, según informaba la revista *Zig-Zag*, "una noche de horrores y lágrimas que privó a Chile de su puerto principal". El sismo sacudió todo el país desde Tacna hasta Ancud, y causó daños importantes en las localidades de Lampa, Melipilla, Olmué, Quilpué, La Calera y Llay Llay.

En Antofagasta mueren más de 50 obreros en una huelga en que participan los operarios de la maestranza del ferrocarril, los lancheros y trabajadores de la pampa. El movimiento es para obtener la extensión de una hora a una hora y media para el almuerzo. El crucero "Blanco Encalada" dispara sobre la ciudad para dispersar a los huelguista y al

1906 Aparece en al revista *Zig Zag* la tira cómica de Von Pilsener, dibujada por Pedro Subercaseaux, que firmaba "Lustig". Es la primera historieta dibujada que se publica en Chile. Von Pilsener era un alemán regordete e ingenuo que aparece siempre acompañado por su perro salchicha que tiene un nombre imposible: Dudelsackpfeifergeselle.

Se exhibe un documental sobre el terremoto de Valparaíso, junto a otros terremotos ocurridos en otros países del mundo.

Pérdidas cuantiosas y numerosos heridos produce el incendio del teatro San Martín. El siniestro obliga a cancelar la presentación de Sara Bernhardt.

igual que en Santiago, el año anterior, actúan en la represión "guardias blancas" armadas.

En septiembre se realizan elecciones presidenciales y triunfa Pedro Montt, apoyado por los liberales y una parte de los conservadores. Gobernará hasta 1910, año en que fallece.

Luis Emilio Recabarren es elegido diputado por la provincia de Antofagasta, pero el Congreso lo despoja de su mandato. "No es tolerable –declara un diputado– que en la Cámara vengan a representarse las ideas de disolución social que sostiene el señor Recabarren".

El grupo norteamericano Guggenheim se hace cargo de la mina de cobre de Chuquicamata.

Se promulga el Código de Procedimiento Penal. Se dicta también la Ley de Habitación para Obreros. "Dándole al obrero habitaciones cómodas –sostiene un diputado en un debate parlamentario– se lo aparta del vicio. Sin habitación no hay familia, no hay hombres, no hay Patria".

Bajo la dirección de un arquitecto italiano comienza la construcción de la iglesia catedral de la ciudad de Castro, uno de los templos mayores y más tradicionales de Chiloé, que cuenta con más de 70 iglesias y capillas.

Se inician en Santiago los trabajos de alcantarillado. Dos años después se conectarán a la red las primeras casas.

Dos diarios importantes comienzan su publicación en provincias: en Valparaíso, *La Unión,* y en Antofagasta, *El Mercurio*, que aparece todavía en nuestros días.

En al revista *Zig Zag* se presenta la tira cómica de Von Pilsener, dibujada por Pedro Subercaseaux, que firmaba "Lustig". Es la primera historieta dibujada que se publica en Chile.

"Imaginemos lo que sucedería en Chile –se sostiene en un artículo de prensa– toda vez que la mujer tuviera voto en las elecciones... ¡Qué desastre, señores míos! ¡Qué desastre aquel que experimentarían nuestros hogares! ¡Adiós a la santa paz de la familia y adiós a toda nuestra tranquilidad!".

En un desfile de carros alegóricos que se realiza en el parque O'Higgins con motivo de la Navidad, aparece por primera vez en Chile el Viejo Pascuero. Hasta entonces el motivo navideño dominante es el Nacimiento (llamado también Pesebre), que se instala por lo general en el atrio de las iglesias.

1907 Se funda la Federación de Estudiantes de Chile (FECH), que agrupa a los alumnos de la Universidad de Chile. Su primer presidente es José Ducci, estudiante de Medicina. A sus fundadores los animan anhelos de cambio social y apuestan al derrumbe del sistema establecido, aglutinando en torno a su actividad al mundo intelectual y artístico y a sindicalistas y militantes de partidos de izquierda. La FECH jugará durante más de medio siglo un importante papel cultural, social y político.

En el mes de diciembre se produce en la Escuela Santa María de Iquique, donde se habían concentrado obreros salitreros en huelga y sus familiares, una masacre que arroja un saldo fatal cercano a los mil muertos. La tragedia ha quedado inscrita en la memoria del país como uno de los más cruentos y vergonzosos acontecimientos de la historia nacional.

1907 Aparece *Sub-sole*, libro de relatos de Baldomero Lillo; entre ellos, "Inamible", que figura en todas las antologías de cuentos chilenos.

Se publica *Páginas chilenas*, recopilación de cuentos y crónicas del escritor y periodista Joaquín Díaz Garcés (1877-1921) .

Muere Diego Barros Arana (1830-1907), autor, entre muchas otras obras, de la monumental *Historia General de Chile,* en dieciseis volúmenes. Fue Rector de la Universidad de Chile y es uno de los representantes mayores del grupo de eminentes historiadores que surgió en Chile en el siglo XIX. Una enorme multitud participa en sus funerales.

De gran acontecimiento artístico es considerado el estreno de la ópera *Madame Butterfly* en el teatro Municipal.

Política, sociedad

Las mujeres de las capas medias aparecen incorporándose a la vida profesional. Ese año hay en el país tres abogadas, siete médicos, diez dentistas, diez farmacéuticas y 3.980 profesoras.

En Valparaíso es fusilado el ciudadano francés Luis Amadeo Brihier Lacroix –conocido como Emilio Dubois–, autor de cinco asesinatos. Su condena levantó una apasionada polémica en la opinión pública. Es el fusilado Nº 8 en la historia penal del país.

En el balneario belga de Blankenberghe, Cecilia Rojas Bacheker, hija de un funcionario de la Legación de Chile, gana el primer premio de belleza entre jóvenes de diversos países, luciendo entre sus brazos el pabellón nacional. De aquí nace la leyenda –tenazmente aceptada por la memoria colectiva– de la bandera chilena como la más hermosa del mundo.

El Censo Nacional de población indica que el país alcanza a los 3.231.022 habitantes.

1908 Se inaugura en el cerro San Cristóbal el santuario de la Virgen de la Inmaculada Concepción, cuya efigie se ha convertido en una de las imágenes emblemáticas de la ciudad de Santiago. Pocos meses antes, un automovilista ha acometido "una peligrosa empresa", según juicio de la prensa: logró llegar con su vehículo a la parte más alta del cerro. Es la primera vez que un auto logra tal hazaña.

Aparece *La palanca*, revista mensual de la Asociación de Costureras, dirigida por Ester Valdés de Díaz. Su emblema era: "Contra la ignorancia, el fanatismo y la esclavitud".

Inicia su publicación la revista infantil *El Peneca*, dirigida por Enrique Blanchard, que

Cultura, espectáculos

1908 A los 29 años muere el poeta Carlos Pezoa Véliz (1879-1908). Su obra fue recogida en forma póstuma por primera vez en 1912 en un volumen titulado *Alma chilena,* que comprende célebres poemas suyos, como "El pintor Pereza", "Nada", "Tarde en el hospital". De éste se recuerdan sus versos: *"Sobre el campo el agua mustia / cae fina, grácil, leve; / con el agua cae angustia: / llueve..."*

Fallece también otro poeta, Luis Barros Méndez (1861-1908), recordado hoy únicamente por sus versos esculpidos en la puerta principal del Cementerio General: "*Ancha es la puerta. Pasajero, ¡avanza! ...*"

Aparece *Casa Grande,* de Luis Orrego Luco

será luego reemplazado por el crítico literario Omer Emeth. A partir de 1921 la dirigirá Elvira Santa Cruz Ossa (Roxane), cuya gestión se funde con la historia de la revista durante 30 años. A ésta se asocia también un nombre inolvidable: el del dibujante Coré, seudónimo de Mario Silva Ossa. En los años 40 y 50 alcanzó tirajes de hasta 200 mil ejemplares, gracias a su circulación en la mayor parte de los países sudamericanos. Se publicó hasta octubre de 1960, mes en que apareció el N° 2705.

Nace *Corre Vuela*, revista humorística. Era, según definición de un cronista "un verdadero bric a brac literario, del que el buen gusto había sido proscrito". Llegó a ser en esos años la revista chilena de mayor circulación.

Se funda la Escuela de Carabineros de Chile.

Inicia sus faenas la fábrica de cemento El Melón, en La Calera.

(1866-1948), la novela más importante de la corriente naturalista en Chile, que levanta vivos comentarios por la clara cercanía entre la ficción novelesca y las situaciones reales de la sociedad chilena de la época.

Se crea la Biblioteca de Escritores de Chile, esfuerzo oficial en pro de la conservación del patrimonio literario nacional. Se publican diversas obras hasta 1913 y luego, tras años de suspensión, continúa su labor entre 1931 y 1952. Aparecieron en total 18 volúmenes, no todos de iguales méritos.

Lucila Godoy Alcayaga firma por primera vez con el seudónimo Gabriela Mistral. El poema se titula "Del pasado" y se publica en el diario *El Coquimbo*, en el mes de julio.

El Mercurio informa que el "Biógrafo Kinora ha recibido por el vapor 'Ortega' treinta mil vistas nuevas, que exhibirá próximamente".

Gran expectación por la visita al país de la compañía teatral de Fernando Díaz de Mendoza y María Guerrero.

1909 Se funda la Federación Obrera de Chile (FOCH), que jugará en los años siguientes un papel esencial en los movimientos de trabajadores. Nacida originalmente por la iniciativa de un abogado conservador para impulsar un movimiento reivindicativo de los ferroviarios, el ingreso masivo a ella de obreros organizados en mancomunales cambió su carácter mutualista inicial a federación propiamente sindical.

En el mes de noviembre se inaugura el Ferrocarril Transandino, que une a Chile con Argentina, y que supuso la construcción de un túnel de más de tres kilómetros de longitud.

1909 El dirigente obrero Luis Emilio Recabarren publica su opúsculo *Ricos y pobres en un siglo de vida republicana*. En sus páginas: "¿Dónde está mi patria y dónde mi libertad? ¿La habré tenido allá en la infancia cuando en vez de ir a la escuela hube de entrar al taller a vender al capitalista insaciable mis escasas fuerzas de niño?"

Se publica la novela *El loco estero*, de Alberto Blest Gana.

Aparece *La vida literaria en Chile (1908-1909)*, de Omer Emeth, seudónimo del sacerdote francés Emilio Vaisse, pionero de la crítica literaria chilena.

Política, sociedad

En un encuentro amistoso jugado a comienzos de noviembre, empatan a tres goles los equipos de fútbol de las universidades de Chile y Católica, en lo que puede considerarse un primer ensayo de lo que con el tiempo se convertiría en el "clásico universitario". En una revancha jugada dos semanas después, el equipo de la Católica vence por 4 a 1.

Se forma la Federación Sportiva Nacional, que organiza en el centro de Santiago un desfile de deportistas que piden, entre otras reivindicaciones, la construcción de un "Stadium Nacional" y que en los colegios haya una tarde semanal libre destinada a los deportes. La manifestación la encabezaba la banda del Regimiento Buin y los deportistas llevaban carteles con motes alusivos: "Sin correr ni saltar, no se puede estudiar", "Campos de juego, dadnos luego", entre otros.

Cultura, espectáculos

Muere Alfredo Valenzuela Puelma (1856-1909), pintor que llevó a su más alta expresión la vertiente académica de la pintura chilena.

Claudio Arrau, que acaba de cumplir seis años, da un concierto ante el presidente Pedro Montt, quien dos años después le concede una beca para que parta a estudiar a Alemania.

Según informaciones del diario *Las Ultimas Noticias,* en octubre se estrenan en el Unión Central diversas vistas tomadas por operadores anónimos. Una de ellas registra las carreras del 20 de septiembre corridas en el Club Hípico, y otra muestra la última exposición de animales.

En el teatro Arturo Prat, el arzobispo de Santiago preside una asamblea organizada por la Liga contra el Alcoholismo en que se piden en favor de los pobres "diversiones públicas, espectáculos honestos y movilizadores", para "transformar a nuestro obrero de un ser pervertido y degenerado en un hombre sobrio, útil a sus semejantes y a su patria", según informa *La Nación.* El teatro y el cine eran considerados buenos sustitutos del vicio.

José Tallaví presenta en el Municipal *Espectros*, de Ibsen.

1910-1919

En 1917 la Federación Obrera de Chile, FOCH, fundada originalmente en 1909, se amplía al conjunto de la masa asalariada del país, y surge como líder indiscutido Luis Emilio Recabarren. Las dos décadas iniciales del siglo viven un período de aguda convulsión social: grandes huelgas y protestas, manifestaciones y atroces masacres.

Política, sociedad

1910 En Bremen (Alemania), donde se halla de visita, muere Pedro Montt (1846-1910), Presidente de Chile. Tres semanas después fallece Elías Fernández, que lo había sucedido en su calidad de Vicepresidente. Aume entonces transitoriamente el mando Emiliano Figueroa Larraín.

En el mes de septiembre hay grandes festejos en todo el país con motivo de la celebración del Centenario de la Independencia. Visita el país el presidente argentino Dr. Figueroa Alcorta. Se organizan espectaculares carreras de fondo en medio de otras múltiples competencias deportivas. "Arcos triunfales decoraban en profusión todo el centro de la ciudad", cuenta un cronista, "las calles estaban bordeadas de gallardetes", y por las noches "la iluminación en cada cuadra con millares de lamparillas mantenían la ciudad a giorno". Esto último se logró gracias a los ingenieros Luis Zegers y Arturo Salazar, que dirigieron las obras de instalación de la luz eléctrica en calles y plazas de Santiago.

Es elegido Presidente de la República Ramón Barros Luco, quien gobernará hasta 1915, ganando celebridad por su pereza. Suya es su visión de los problemas públicos: si son solucionables, la solución llegará sola, y si no lo son mejor es no preocuparse de ellos.

En el mes de agosto, en la chacra Valparaíso de Santiago, hoy Villa Frei, en la comuna de Ñuñoa, el piloto César Copetta protagoniza el primer vuelo realizado en Chile, que se eleva unos pocos metros ante un pequeño grupo de invitados y vecinos. El italiano Bartolomé Cattaneo, en cambio, vuela en diciembre durante diez minutos en la elipse del Parque Cousiño ante miles de espectadores.

Cultura, espectáculos

1910 En los círculos de intelectuales se produce lo que ha dado en llamarse "Polémica del Centenario". La población de Santiago asiste fascinada al espectáculo del cometa Halley, y por la noche van a las funciones del Politeama, donde dan la opereta *La princesa del dólar*, o al Municipal, que presenta *La Traviata*, con Rossina Storchio, celebridad lírica internacional.

En la Exposición Salón del Centenario, Alberto Valenzuela Llanos obtiene la Medalla de Oro con su cuadro "Alrededores de Santiago".

Con planos del arquitecto francés Emilio Jecquier que recuerdan el Petit Palais de Paris, se inaugura el Museo Nacional de Bellas Artes en su sede definitiva –la misma que ocupa en la actualidad–, y se realiza allí una importante exposición internacional de pintura.

Se publica el libro *Sinceridad. Chile íntimo en 1910*, de Alejandro Venegas (1871-1922), que trata el polémico tema de la "cuestión social". Ninguna institución chilena escapa a la implacable crítica de Venegas: prensa, fuerzas armadas, iglesia católica, poderes del estado. Provoca ardientes discusiones.

Aparece la novela *El inútil*, de Joaquín Edwards Bello, que produce un cierto escándalo en la alta sociedad, por el origen social del autor, quien comenta que esta "obrita infantil de un inexperto, me hizo blanco de venenosos ataques".

Muere el poeta Eusebio Lillo (1826-1910), autor de los versos de la Canción Nacional de Chile.

Política, sociedad

Se abre al público el Parque Forestal, cuya realización se debe a la iniciativa del alcalde Ismael Valdés Vergara.

Otra inauguración importante: abre sus puertas en la esquina de las calles Huérfanos y Estado la gran tienda Gath y Chaves. *El Mercurio* informa que "el mundo femenino estaba revuelto y conmovido" y "cuando los empleados alzaron o trataron de levantar las cortinas de hierro, una multitud se lanzó sobre las puertas en un ímpetu amenazador e invadió los diversos pisos del edificio".

Comienza sus actividades la usina siderúrgica de Corral, la primera en su género en el país. Al año siguiente, sin embargo, paraliza su actividad por largos años. En la década del 40 logra, gracias a la Corfo, su pleno apogeo.

En Santiago se contaban 1.600 conventillos en los que habitaban 75 mil personas. Contrasta con la miseria que muestra esta realidad, el esplendor y la riqueza que ostentan las clases dirigentes. Es la realidad que hace decir a Luis Emilio Recabarren: "Nada tenemos que ver con esta fecha que se llama el aniversario de la independencia nacional".

En Buenos Aires se celebran los Juegos Olímpicos Sudamericanos. Chile participa con 9 atletas, quienes en las 18 competencias del certamen obtienen 25 premios.

Fusilan a Guillermo Beckert, canciller de la Legación Alemana, a quien daban por muerto en el incendio de sus oficinas. En verdad, el siniestro lo provocó él para ocultar un crimen. Por el impacto que produjo en la opinión pública y por el entredicho internacional con Alemania, el "crimen de Beckert" es uno de los más célebres de la historia judicial del país.

Cultura, espectáculos

Se vive un verdadero auge en la filmación de noticiarios. Algunos de ellos: *Inauguración del Transandino Chileno-Argentino, Llegada del Colegio Militar argentino a la Estación Central, Interesantes vistas de las salitreras, Te Deum en la Catedral, Inauguración del Palacio de Bellas Artes, Salida de misa del templo de la Merced*, etc. Uno de los noticiarios registra la llegada y sepultación de los restos del Presidente Pedro Montt.

En el mes de septiembre se estrena en el teatro Unión Central la primera película argumental rodada en Chile: *Manuel Rodríguez*, dirigida por el profesor de declamación Adolfo Urzúa Rozas. Su intérprete principal es Nicanor de la Sotta.

En las fiestas del Centenario, a propósito de las proyecciones de cine, el diario *El Mercurio* acota que el cine es sólo de interés "para las clases populares", porque al público "medianamente ilustrado" "no le gusta el género o no quiere confesar que le interesa".

La exhibición del film *Vera, la vengadora* suscita un comentario en la revista *Sucesos* en que se llama a padres y madres de familia a unirse para impedir la asistencia a las salas que den películas escabrosas como ésta.

Política, sociedad

1911 En la primera cuadra de la calle San Francisco, entra en funciones la Asistencia Pública, fundada por iniciativa del doctor Alejandro del Río, quien será su primer director.

Fundación de Puerto Natales, ciudad enclavada en la provincia austral de Ultima Esperanza, a 3 mil 100 kilómetros de Santiago.

Se publica el número uno de la *Revista Chilena de Historia y Geografía*, dirigida por Enrique Matta.

1912 Un grupo escindido del Partido Demócrata, dirigido por Luis Emilio Recabarren, funda el Partido Obrero Socialista. Bajo la dirección del mismo Recabarren aparece el primer número del periódico *El Despertar de los trabajadores,* que cumple, más allá de su función como medio informativo, un papel de órgano articulador de la actividad política y cultural de las organizaciones sindicales. Se publicará hasta 1927.

Se festeja el centenario de la fundación de la *Aurora de Chile*, el primer periódico chileno.

Se establece mediante decreto la igualdad de planes y programas en la enseñanza para ambos sexos.

El gobierno crea la Dirección General de

Cultura, espectáculos

1911 Se publica el número uno de la *Revista Chilena de Historia y Geografía*, dirigida por Enrique Matta.

Aparece la novela *Mirando al océano*, de Guillermo Labarca (1878-1954)

Nace el pintor Roberto Sebastián Matta en una fecha que, en virtud de su carácter cabalístico (11 de noviembre, o sea, 11 del 11 de 1911), juzga él que ha sido decisiva en su destino artístico.

En el teatro Arturo Prat se presenta con éxito *Durante la reconquista*, montaje teatral de Carlos Mondaca y Maximiliano Jara, con un elenco que puede considerarse la primera compañía dramática enteramente nacional.

Visita Chile al maestro italiano Pietro Mascagni, que dirige conciertos con obras de Wagner y otros autores y presenta algunas de sus óperas.

1912 Aparece el ensayo *Nuestra inferioridad económica*, de Francisco Antonio Encina. En ésta y en otra obra, *La educación económica y el Liceo,* el autor propugna una enseñanza "que capacite al estudiante para encarar la vida de la producción", criticando en el chileno "la falta de perseverancia, la obsesión por la fortuna rápida, la incapacidad para el trabajo metódico".

Mariano Latorre publica su primer libro, *Cuentos del Maule*, con el que fija las coordenadas de lo que luego se conocería como "criollismo", en el que se da "más importancia al paisaje que a los hombres, más despliegue a la descripción que a la acción" (R. Silva Castro).

Se publica *Golondrina de invierno*, la más

Impuestos, que fiscalizará el pago de todos los tributos previstos por la ley.

En el mes de mayo se inaugura la Estación Mapocho, obra del arquitecto francés Emile Jecquier. Para probar la resistencia del gran arco central, cuelgan de éste una locomotora. A poca distancia, en el Parque Forestal, se inaugura la "Fuente Alemana", uno de los más tradicionales monumentos de Santiago. Debe su nombre a la nacionalidad del escultor y al gobierno alemán que lo donó.

Se publica el Nº 1 de *Pacífico Magazine*, que dirigen Alberto Edwards y Joaquín Díaz Garcés *(Angel Pino)*. Reemplaza a *Selecta*, revista mensual de arte y cultura, que dirigía Luis Orrego Luco y circulaba desde 1909.

Se funda la Asociación de Fútbol de Chile, que logra al año siguiente ser admitida como afiliada de la FIFA.

En un combate a 20 rounds con el norteamericano James Perry, antiguo marinero, vence el colchagüino Heriberto Rojas, quien se convierte en el primer boxeador profesional chileno que accede a un título de campeón.

Por primera vez Chile participa oficialmente en los Juegos Olímpicos, celebrados ese año en Estocolmo. Según los periódicos de la época, los resultados fueron decepcionantes.

conocida de las novelas de Víctor Domingo Silva (1882-1960). Fue también dramaturgo de gran popularidad y poeta de muy extensa producción.

Fallece Daniel Riquelme (1857-1912), escritor que alcanzó notoriedad con *Bajo la tienda* (1888), conjunto de relatos sobre la Guerra del Pacífico.

Aparece el primer tomo de la *Guerra del Pacífico* del historiador Gonzalo Bulnes (1851-1936). Prevista en tres volúmenes, el tercero aparece en 1919.

Muere Pedro Lira (1845-1912), llamado "el primer gran maestro" de la pintura chilena.

La revista *Zig-Zag* habla del Teatro Nacional y señala: "Hoy, según cálculos aproximados, el repertorio chileno cuenta con más de doscientas obras más o menos representables". Se acaba de fundar la Sociedad Chilena de Autores Dramáticos, que integran, entre otros, Víctor Domingo Silva, Aurelio Díaz Meza y Max Jara.

Se forma la Liga de Damas Chilenas, a la que pertenecen señoras de la alta sociedad, entre ellas, Amalia Errázuriz de Subercaseaux y Luisa MacClure de Edwards, asesoradas por el parlamentario conservador Joaquín Walker Martínez y por el Arzobispo de Santiago. Organiza una cruzada moralizadora que tiene como blanco principal el cine.

La diva italiana Amelita Galli-Curci canta en Santiago en las óperas *Rigoletto, La Bohème, Carmen, El barbero de Sevilla* y *La Africana*. De su voz dijo alguien que "está tan cercana a lo perfecto como es humanamente posible estarlo".

En el Politeama, que funciona en el Portal

1913 Se inaugura el Ferrocarril Arica-La Paz, cuya línea, de 460 km. de longitud, pasa en la zona cordillerana a 4.280 metros sobre el nivel del mar, lo que lo convierte en el ferrocarril más alto del mundo.

El gobierno autoriza la creación de la Chile Exploration Company para que se haga cargo de la explotación del mineral de cobre de Chuquicamata.

Se funda la Escuela de Aviación del Ejército de Chile. Poco antes había fallecido en un accidente en Concepción Luis Alberto Acevedo, cuando su avión se precipitó en el Biobío. Se lo considera el primer mártir de la aviación chilena.

Se inaugura el Liceo José Victorino Lastarria. Paralelamente, la celebración del centenario de la fundación del Instituto Nacional da lugar a variados festejos.

La Liga de las Damas Chilenas, organismo de claras tendencias conservadoras, protesta por la visita de la española Belén de Sárraga y llama a boicotear las conferencias de Amanda Labarca, que considera perniciosas y contrarias a los valores de la "ejemplar y valiosa mujer chilena".

El seleccionado chileno de fútbol de la Federación Sportiva Nacional vence a la Liga Campista de Brasil por 9-0 en cancha brasileña. Nunca más el fútbol chileno ha obtenido un triunfo tan espectacular.

Fundan en Santiago el Círculo Atlético Royal, el primero organizado para fomentar la práctica del atletismo.

Edwards, se presenta un circo que trae una novedad: los primeros camellos vistos en Santiago.

1913 Al cumplirse un siglo de la creación de la Biblioteca Nacional, que no dispone de local propio, se pone la primera piedra de su nueva sede. El primer cuerpo se termina en 1927, el segundo en 1939, y el tercero, que da a la calle Moneda, se inaugura en 1963, es decir, medio siglo después de aquella primera piedra.

El empresario español Manuel Díaz de la Haza funda el Palace Theatre, que se propone la presentación exclusiva de obras de autores nacionales. Allí empiezan su labor como dramaturgos, entre otros, Antonio Acevedo Hernández, Adolfo Urzúa Rozas, Daniel de la Vega, Víctor Domingo Silva, René Hurtado Borne.

Realiza su primera visita a Chile la actriz española Margarita Xirgu –por entonces "damita joven" de la escena–, presentando sobre todo obras de autores españoles: Benavente, Marquina y los Alvarez Quintero. Gran éxito de público y crítica; estos últimos la comparan con Sarah Bernhardt y María Guerrero.

El músico Nino Marcelli organiza una audición completa de las sinfonías de Beethoven.

Exposición de pintura en los salones del diario *El Mercurio* con cuadros de Pedro Luna, Exequiel Plaza, Arturo Gordon y Enrique Bertrix, todos ellos discípulos del pintor español Fernando Alvarez de Sotomayor. El grupo es conocido, a partir de entonces, como "Generación del 13", que comprende en total una veintena de artistas.

" ¿Por qué no intenta el cinematógrafo en

Chile reproducir las escenas de nuestra propia existencia y los rasgos de nuestra historia, preñada de hechos heroicos? " (*"Mont-Calm" –seudónimo de Carlos Varas Montero– en *Zig-Zag*).

El crítico literario Hernán Díaz Arrieta (Alone) en "Elogio del biógrafo" *(Pacífico Magazine)* dice del cine que "es una mentira (...) tan consistente y perfecta que deslumbra".

En Santiago se contabilizan, ese año, 63 salas, de las cuales 51 están dedicadas exclusivamente a la exhibición de películas. Paralelamente, empiezan a surgir grandes barracones, ubicados en los barrios, que marcan el comienzo del cine como fenómeno popular de masas. Entre ellos, el Arturo Prat, teatro para dos mil personas, habilitado en un recinto perteneciente a la Iglesia.

La sala The American Cinema presenta al público "el gran invento de Edison", el Kinetófono o "Biógrafo Parlante Edison". La exhibición congregó en su amplio local "a medio Santiago".

1914 Durante la Primera Guerra Mundial, que estalla en junio de este año, Chile se mantiene neutral, a pesar de las presiones de los aliados para lograr su rompimiento con Alemania. Transcurrido el primer año del conflicto, las exportaciones de salitre alcanzan cifras sin precedentes.

Se dicta la Ley sobre Valores del Tesoro para impedir el colapso financiero que podrían acarrear los temores de banqueros y depositantes frente al estallido de la Guerra Mundial.

En el mes de marzo, durante una vuelo realizado por cinco aviadores, desaparece el te-

1914 Entre 400 trabajos que compiten, Gabriela Mistral gana los Juegos Florales de Santiago con su poemario *Sonetos de la Muerte*. El jurado lo integraban Armando Donoso, Manuel Magallanes Moure y Miguel Luis Rocuant. Aunque escribía poesía desde mucho antes, este evento es el comienzo de su notoriedad pública como escritora.

Nace en Chillán Nicanor Parra, uno de los grandes de la poesía chilena del siglo.

Augusto D'Halmar publica una de sus novelas más significativas: *La sombra del humo en el espejo*.

Política, sociedad

niente Alejandro Bello, cuando sobrevolaba el mar entre Cartagena y San Antonio. De esta tragedia deriva el peyorativo dicho popular: "Más perdido que el teniente Bello".

En Montevideo, el boxeador chileno Manuel Sánchez gana el campeonato sudamericano en la categoría liviano. Es el primer galardón internacional logrado por un púgil chileno.

Padre de Leonel Sánchez

Cultura, espectáculos

Con la exhibición de *Los últimos días de Pompeya* y *Cabiria,* que se agregan a *Quo Vadis?,* estrenada el año anterior, el cine alcanza para ciertos círculos un nivel artístico superior.

"Como en todas partes, el biógrafo en Chile se ha apoderado de los públicos de barrio y si los empresarios de espectáculos de otra índole no saben defenderse, día llegará en que se hará dueño y señor de la gran masa de espectadores" *(El Mercurio)*.

El *Eco de la Liga de las Damas Chilenas* pide a sus socias que se abstengan de asistir a las funciones de las compañías de Opereta Alemana en el teatro Politeama, y de Zarzuela Española en el teatro Santiago, por considerar inmorales ambos espectáculos. Aprueba asimismo las decisión de la Jerarquía Eclesiástica de negarse a absolver "a los penitentes que bailan el famoso tango argentino por considerarlo absolutamente inmoral".

A falta de compañías de ópera europeas, surge en Valparaíso una agrupación lírica nacional. En ella debuta la soprano Sofía del Campo, y entre los coristas actúa Jorge Cuevas, que después llega a ser el famoso Marqués de Cuevas, director parisino de compañías de ballet.

1915 Se firma el pacto llamado ABC, que crea una comisión tripartita entre Argentina, Brasil y Chile, encargada de informar sobre los diferendos que puedan surgir entre los tres países.

Es elegido Presidente de la República Juan Luis Sanfuentes (1858-1930).

Bajo la presidencia de Amanda Labarca, se funda el Círculo de Lectura, que agrupa a "mujeres laicas e intelectuales de las capas medias".

1915 Vicente Huidobro (1893-1948) pronuncia en el Ateneo de Buenos Aires una conferencia que se considera el punto de partida del Creacionismo. Publica, además, *El espejo de agua,* que contiene su fundamental "Arte Poética", en que sostiene que "la primera condición del poeta es crear, la segunda crear y la tercera crear".

En *Zig-Zag* se publican los *Sonetos de la muerte*, de Gabriela Mistral. Recogidos posteriormente en el libro *Desolación*, se creyó

Aparece el diario *La opinión,* cuyo principal animador es Tancredo Pinochet. Desaparece al cabo de algunos años.

La Chile Exploration Company, filial de la Guggenheim, inicia la explotación masiva de cobre en el yacimiento de Chuquicamata. Ubicado a pocos kilómetros de Calama, en el interior de la provincia de Antofagasta, es la mina de cobre a tajo abierto más grande del mundo.

Se funda la Federación Chilena de Boxeo. En su directiva figuran algunos parlamentarios, entre ellos el diputado radical Héctor Arancibia Laso, autor del primer discurso pronunciado en el Congreso Nacional en favor del deporte. Cuando lo hizo –en 1912– fue objeto de todo tipo de burlas de parte de sus colegas y de la prensa. Se le pedía "más respeto por el Poder Legislativo".

Se celebra por primera vez la Fiesta de los Estudiantes, suerte de carnaval criollo con desfile de carros alegóricos, corso de flores, veladas bufas, bailes de máscaras y elección de Reina. Con el tiempo se convertirá en Fiesta de la Primavera, y alcanzará su apogeo en 1921, languideciendo hacia finales de la década.

El 19 de diciembre se registra en Santiago la temperatura más alta del siglo: el termómetro alcanza a los 37,2 grados Celsius.

siempre que los sonetos eran sólo tres. Investigaciones que culminan sólo en los años 90, determinan que la poetisa escribió doce sonetos en torno al mismo tema.

En *Pacífico Magazine*, el escritor Alberto Edwards comienza su serie de 17 relatos con el detective Román Calvo, en lo que será la primera muestra de narrativa de género policial escrita por algún autor nacional.

Aparece la novela *El niño que enloqueció de amor* de Eduardo Barrios. "Los críticos la saludan como obra maestra, la estudian los pedagogos y los poetas le tejieron guirnaldas amorosas" (R. Silva Castro).

En el mes de julio se presenta lo que se considera la primera presentación efectiva del teatro chileno: *El tío Ramiro*, de Aurelio Díaz Meza. Tiene el patrocinio de la Sociedad de Autores Teatrales. Poco después, Armando Moock presenta su primera obra teatral: *Isabel Sandoval, modas.*

En los teatros San Martín y Politeama actúa la compañía Infantil Baronti, donde debuta Eugenio Retes, que llegará a ser años más tarde uno de los más populares actores del teatro y el cine nacionales.

Salvador Giambastiani llega a Chile desde Buenos Aires, se instala con un taller de cine y se dedica a filmar actualidades y cintas familiares. Rueda un documental titulado *Santiago antiguo*, que tenía 1.500 metros de extensión.

Un artículo de *Cine Gaceta* dice lo siguiente: " ¡El beso en las películas! ¡Señores! ¿Calculáis los efectos destructores que en esos organismos virginales producen las caricias pasionales que esas parejas en la tela blanca, olvidando pragmáticas morales, abren

1916 La escampavía "Yelcho", conducida por el piloto Luis Pardo, rescata a los marinos sobrevivientes de la expedición del explorador inglés Sir Ernst Shakleton, atrapados durante más de un año entre los hielos del Polo Sur tras el naufragio del velero "Endurance".

Se funda el Club de Señoras, presidido por Delia Matte de Izquierdo. A diferencia de la agrupación nacida el año anterior, el nuevo organismo surge para fomentar las inquietudes culturales de las mujeres de la clase alta santiaguina.

Se organiza la Federación de Estudiantes Secundarios. Su primer presidente, Eugenio González Rojas, llegará con el tiempo a ser escritor, político, senador y Rector de la Universidad de Chile.

Entra en funciones el ascensor del cerro Polanco, el más célebre de los ascensores de Valparaíso. La imagen del puente que une la torre del elevador con la salida al cerro ha pasado ha ser una imagen emblemática de la

de vicios condenable escuela? ". La Municipalidad de Santiago establece, entretanto, la censura de las películas, cuya revisión se encomienda a la Dirección de Obras Municipales.

Llegan al país las primeras películas de Charles Chaplin, "el rey de la risa", que no impresionan mayormente al público, especialmente al público femenino, que prefiere "la gracia elegante" de Max Linder. Llegará el tiempo en que hasta Vicente Huidobro le rendirá homenaje: "Gracias te sean dadas, Chaplin, por lo que nos has hecho pensar, gracias por lo que nos has hecho soñar. Gracias por tu gracia, gracias por tus desgracias, por tu lirismo inimitable..."

1916 Aparecen las novelas *La hechizada*, de Fernando Santiván, y *La sombra inquieta*, de Hernán Díaz Arrieta (Alone), la única obra de ficción escrita por el crítico literario.

Se publica *Días de campo*, de Federico Gana (1867-1926). Sus cuentos "Paulita" y "La señora" son piezas de antología.

Pedro Prado organiza el grupo Los Diez, que integraron, entre otros, los escritores Eduardo Barrios, Armando Donoso, Ernesto Guzmán, Manuel Magallanes Moure y Augusto D'Halmar, los músicos Alfonso Leng y Acario Cotapos, los pintores Julio Ortiz de Zárate y Juan Francisco González, y otros artistas. La casa del poeta, conocida como "la torre de Los Diez", resiste todavía, en la segunda cuadra de la calle Santa Rosa, los afanes demoledores de la modernidad.

"Hay bosques enormes en Chile, selvas de follaje espeso y un verde muy intenso, intrincadas como en ningún otro sitio, con pantanos de color marrón dorado (...) hordas de ciudad. Fue declarado Monumento Nacional en 1976.

Chile participa por primera vez en un campeonato sudamericano de fútbol. Compiten en Buenos Aires cuatro países: gana Uruguay y Chile queda en el cuarto lugar.

1917 En una convención realizada en Valparaíso, la FOCH se amplía al conjunto de la masa asalariado del país. Surge como líder indiscutido Luis Emilio Recabarren. El periódico que éste dirige, llamado justamente *La Federación Obrera de Chile*, se imprime en Santiago con un tiraje de 20 mil ejemplares.

Un grupo de senadores de filiación liberal funda en Santiago el diario *La Nación*. Lo dirigirá hasta 1927 Eliodoro Yáñez, quien ese año se ve obligado a venderlo al Fisco, pasando a ser desde entonces un órgano oficioso del gobierno de turno.

Se declaran varias huelgas en diversos puertos del país como protesta por la implantación de un carnet de identificación obligatorio para cada trabajador. Se inicia así un período de gran efervescencia en el movimiento obrero.

Se dicta la ley que crea el descanso dominical obligatorio.

En el mes de diciembre empiezan a circular en Santiago los primeros autobuses. Corrían entre la Plaza de Armas y la Quinta Normal y

monos avanzan por los techos de hojas jóvenes y se trenzan en mortal combate con decrépitas serpientes..." (Extractos del cuento "La juventud de Bargan" de Bertolt Brecht, publicado ese año) .

La exhibición del primer largometraje argumental nacional, *La baraja de la muerte*, de Salvador Giambastiani, es prohibida por la Municipalidad de Santiago, que la objeta porque el crimen en que se basa la historia del film no ha sido aún fallado por la Justicia. La película se estrena entonces en Valparaíso, pocos días después.

1917 El ciudadano portugués Carlos George Nascimento funda la Editorial Nascimento, que será en los años posteriores una de las piedras angulares de la edición de obras literarias de autores chilenos.

Aparece *Selva lírica. Estudios sobre los poetas chilenos*, vasta antología de la poesía nacional de la época, compilada por Julio Molina y Juan Agustín Araya.

Se publica *Oligarquía y democracia*, de Tancredo Pinochet, ácido ataque a las clases dirigentes.

Muere Ismael Parraguez (1883-1917), poeta, escritor y músico, recordado por una canción infantil de su autoría, *Los pollitos dicen*, que ha resistido el paso del tiempo, a pesar de su banalidad.

Fallece en Florencia el escultor Nicanor Plaza (1844-1917), autor entre otras obras, del monumento a Caupolicán, que se levanta en el cerro Santa Lucía. Como se sabe, esta estatua fue originalmente presentada por su autor como homenaje al "Ultimo Mohicano"; rechazada por el jurado norteamericano, la población los bautizó con el nombre de "taguas". A partir el año 20, en virtud de su falta de techo, la población comenzó a llamarlos "góndolas", apelativo que duró hasta la década del 40, en que fue reemplazado por "microbuses" o simplemente "micros", a partir de los años 50.

La selección chilena de fútbol participa en el Primer Campeonato por la Copa América. Se celebra en Montevideo y compiten cuatro países. El resultado es idéntico al del torneo del año anterior: gana Uruguay y Chile remata cuarto y último.

recaló finalmente en Chile con el destino que se conoce.

Se estrena el film *La agonía de Arauco (El olvido de los muertos)*, rodado por Gabriela Bussenius, con fotografía y montaje de Salvador Giambastiani, que trata del robo de tierras a los indígenas.

Se realiza *El hombre de acero* sin director: todos sus
intérpretes sugerían lo que había que hacer conforme se iba realizando la filmación. El argumento era de Carlos Cariola y Rafael Frontaura, que también eran intérpretes, junto a Pedro Sienna, Jorge Délano y otros.

Alma chilena, con dirección y argumento del actor bonaerense Arturo Mario es la versión chilena de la película argentina *Nobleza gaucha*, que trata del contrapunto entre el campo y la ciudad. En la versión nacional se omitieron los alcances críticos de contenido social del film transandino.

En *Cine Gaceta* se comenta que "la lucha a muerte trabada entre las películas norteamericanas y europeas se hace cada día más intensa". Se acentúa con la llegada a Chile de la distribuidora Fox, que anuncia disponer de "un stock de 3.500.000 metros de película, 5.500 asuntos diferentes, 40.000 metros mensuales de estrenos de primer orden". Tras la Fox llega la Metro, y al año siguiente la Paramount, y poco después la Universal.

El escritor Joaquín Díaz Garcés pronuncia en la Universidad de Chile una conferencia contra el cine. Sostiene que "un país educado por el cinematógrafo será una repugnante aglomeración de perturbados y atrofiados".

Otros van todavía más lejos. En publicaciones mensuales como *La Cruzada*, portavoz

1918 La exportaciones de salitre, que habían logrado un gran auge durante los años de la Primera Guerra Mundial, llegando a los tres millones de toneladas, el doble de lo registrado a principios del siglo, comienzan a declinar con el cese del conflicto.

Por primera vez se cruza en avión la Cordillera de los Andes. La proeza la acomete en el mes de diciembre el teniente Dagoberto Godoy, en un Bristol M1 C que aterriza en Mendoza tras una hora de vuelo. La hazaña la repite al mes siguiente Clodomiro Figueroa, quien era portador de una valija postal con destino a Argentina, Uruguay y Brasil. Establece así, en Chile y Sudamérica, el primer correo aéreo internacional.

Entran en funciones los primeros submarinos con que contó la Armada nacional. La seis naves prestaron servicios hasta 1957.

En Magallanes la policía irrumpe en una fiesta de beneficio de la Federación Obrera local, provocando una masacre.

de la Gran Liga de Señoras Chilenas, la consigna es categórica: " ¡Cine, de cualquier clase que seas, seas mil veces maldito! ".

Debuta en el teatro Palet de Talca, la compañía encabezada por Enrique Báguena y Arturo Bührle, considerada la primera compañía teatral "profesional" de la escena chilena. En ella actúan, entre otros, Pedro Sienna, Nicanor de la Sotta y Elena Puelma.

En el teatro Municipal se presenta "La muerte del cisne" bailado por la eximia Anna Pavlova.

Actúa en Chile Carlos Gardel, que entonces integraba el dúo Gardel-Razzano.

1918 Eduardo Barrios publica *Un perdido*, novela con fuerte contenido autobiográfico, la más importante del escritor, según algunos críticos.

Con *Memorias de un amargado* inicia su trayectoria literaria el novelista Alberto Romero. Entretanto, Mariano Latorre continúa desarrollando con su libro de cuentos *Cuna de cóndores*, su visión del paisaje como elemento estético esencial de la obra literaria.

En el mes de mayo empieza a publicarse *La semana cinematográfica*, dirigida por Lucila Azagra. Aparecerán 138 números, el último de los cuales se publica en diciembre de 1920.

De la película *Todo por la patria (El jirón de la bandera)*, con Pedro Sienna y Nicanor de la Sotta como intérpretes, es calificada por un comentarista como un "triunfo de nuestra naciente industria cinematográfica".

El cine se ha legitimado ante la ciudadanía como "el único entretenimiento popular, el

Las exportaciones de salitre alcanzan su más alto nivel, llegando a 2.919.000 toneladas.

Se funda en las afueras de Viña del Mar el llamado Parque del Salitre que en la década del 50 se convirtió en el Jardín Botánico Nacional.

Es reconocido campeón sudamericano de todos los pesos, el boxeador Heriberto Rojas. Es el primer chileno en obtener un título que posteriormente obtuvieron también Quintín Romero en 1924 y Arturo Godoy en 1939.

1919 Los anarquistas forman la sección chilena de la International Workers of the World (IWW), cuya sede principal estaba en Estados Unidos.

La comercialización del salitre chileno enfrenta graves problemas en Europa. La producción alemana de salitre sintético es cada día mayor y nuestro nitrato tiene dificultades para competir.

En el mes de marzo, el teniente de aviación Armando Cortínez atraviesa por primera vez en viaje de ida y vuelta la cordillera de Los Andes.

Se funda la Universidad de Concepción y su primer rector es designado el filósofo Enrique Molina.

Muere Valentín Letelier (1852-1919), educador y Rector de la Universidad de Chile entre 1906 y 1911.

Se organizan los Carabineros de la República, cuerpo dependiente del Ministerio del Interior.

Se funda el Partido Cívico Femenino, primer partido político de mujeres en la historia del

único competidor de la taberna (...) El obrero se divierte (...) y las atracciones del cine son para él economía y esparcimiento y esperanza" *(Cine Gaceta)*.

La compañía Báguena-Bührle debuta en Santiago con las comedias "La silla vacía" de Juan Manuel Rodríguez y "Los payasos se van", de Hugo Donoso.

1919 El poeta Juan Guzmán Cruchaga publica varios libros: *La mirada inmóvil, Chopin, Lejana.* En este último figura su célebre "Canción", poema que está vivo en la memoria de varias generaciones de chilenos: "*Alma, no me digas nada, / que para tu voz dormida, / ya está mi puerta cerrada*".

Se estrena *La voz en las calles*, poema sinfónico del músico Pedro Humberto Allende (1885-1959), inspirado en pregones callejeros. Es autor de numerosas obras basadas en poemas de Magallanes Moure, Gabriela Mistral, Dublé Urrutia y otros.

La ópera comienza a ser desplazada por el concierto como "acto social de música aceptado y mantenido como una verdadera necesidad de la sociedad" (R. Escobar) .

Con un despliegue publicitario en la prensa considerable, se estrena la película norteamericana *Intolerancia*, de David W. Griffith. La sala Splendid la anuncia como "la octava maravilla del mundo".

Lucila Azagra, directora de *La semana cinematográfica*, escribe que "las cintas yankees de aventuras" constituyen "un precioso elepaís. Lo dirige Ester La Rivera de Sanhueza. Se organiza, paralelamente, la Liga Femenina Nacional.

mento de educación" para combatir en el niño la timidez y el apocamiento. "Después de ver a Eddie Polo, a Perla White, a Antonio Moreno, a William Hart, el niño se sentirá lleno de audacia y valor, se sentirá *otro"*.

"No hay una tierra más privilegiada que Chile para una serie de films nacionales, con sus majestuosos panoramas. ¡Nos figuramos ver el espectáculo incomparable de Los Andes, pasando por la pantalla viviente ante los espectadores palpitantes de orgullo patrio! ". (Juan Barbacci, en *Las Ultimas Noticias)*.

1920-1929

En 1924 se publica la primera edición de *Veinte poemas de amor y una canción desesperada,* probablemente el poemario en español más difundido de todos los tiempos. Neftalí Reyes Basoalto se llama ya Pablo Neruda, nombre con el cual llegará a ser el más alto exponente de la poesía castellana del siglo veinte.

Política, sociedad

1920 Al inaugurar la década, se asiste a "un proceso social de la mayor importancia: la transformación de la clase media en el sector hegemónico de la nación chilena, al menos en los planos político cultural" (C. Gazmuri).

En el mes de junio es elegido Presidente de la República Arturo Alessandri Palma (1868-1950), candidato de la Alianza Liberal, quien gobernará hasta 1924. Sus partidarios lo llaman "El León de Tarapacá" y lo llevan a la presidencia entonando con versos alusivos la melodía de la popular canción mexicana "Cielito Lindo", que según el escritor González Vera "se llegó a cantar más que el Himno Nacional". A nivel popular es considerado una suerte de Mesías. Una de las consignas de sus partidarios: "¿Quién es El León? Arturo Alessandri. ¿Quién es Arturo Alessandri? Es el padre, es el hijo y es el Salvador de Chile, de todo el pueblo chileno. Tres personas distintas y un solo ideal no más". La derecha extrema no oculta su rencor. *El Diario Ilustrado,* órgano conservador, dice en un editorial: "Alessandri amenaza con la revolución social, la ruina y el trastorno a la usanza rusa".

La coalición conservadora gobernante hizo todo lo posible, sin éxito, por desconocer el triunfo de Alessandri. Ladislao Errázuriz, ministro de Guerra del presidente Sanfuentes, neutraliza el apoyo de los militares a Alessandri, enviando al contingente de Santiago a la frontera norte para enfrentar un supuesto conflicto posible con Perú y Bolivia. Es lo que la historia recoge sarcásticamente como "Guerra de don Ladislao".

Las inversiones norteamericanas en Chile, que en 1900 eran de sólo cinco millones de dóla-

Cultura, espectáculos

1920 Joaquín Edwards Bello publica la novela de tema urbano *El roto*, obra representantiva del naturalismo en Chile. Aparece también *Zurzulita*, de Mariano Latorre, novela emblemática del criollismo, caracterizada por "la incorporación del campesino como personaje visto en sí mismo" (C. Goic).

Aparece *Alsino,* novela de Pedro Prado. Poco después se estrena el poema sinfónico, inspirado en esta obra, *La muerte de Alsino*, del músico neorromántico Alfonso Leng.

Muere en París Alberto Blest Gana (1830-1920), considerado el "padre de la novela chilena", autor de *Martín Rivas, Durante la reconquista, Los trasplantados, El ideal de un calavera*, *El loco Estero* y *La aritmética del amor*. Varias de ellas, a pesar del tiempo transcurrido, mantienen todavía un considerable interés entre los lectores.

El poeta José Domingo Gómez Rojas es acusado de subversivo y propagandista de la IWW y detenido por la policía. Los malos tratos recibidos dañaron su salud, y enloqueció. Murió en la casa de orates. En un muro de la cárcel donde estuvo detenido quedó clavada una tarjeta con versos suyos: *"Yo que tengo lejanos jardines en la luna / y reinos invisibles en estrellas lejanas, / y princesas dormidas de embrujada fortuna..."*

Neftalí Reyes Basoalto adopta definitivamente el nombre con que accederá a la fama: Pablo Neruda. La versión más difundida asocia la elección con Jan Neruda, poeta checo. Más recientemente ha surgido otra teoría: provendría de Norman Neruda, personaje res, alcanzan este año a los 200 millones, de los cuales 150 corresponden al cobre.

La Federación de Estudiantes de Chile, FECH, da comienzo a la publicación de la revista *Claridad*, que jugará un importante papel en el debate e ideas y en la difusión literaria. En el mes de julio el local de la Federación es asaltado por turbas de jóvenes conservadores, que no le perdonan a la organización estudiantil sus posiciones de avanzada. Sus principales dirigentes logran salvar la vida huyendo por los techos de las casas vecinas. La policía los detiene y la autoridad dispone su procesamiento, junto con cancelar la personalidad jurídica de la FECH.

Segun un autor, entre 1911 y 1920 se registraron cerca de 300 huelgas y manifestaciones con enfrentamientos violentos, en el que participan alrededor de 150.000 obreros.

Se dictan dos importantes cuerpos legales: el Código del Trabajo y la Ley de Instrucción Primaria Obligatoria, que establece que todos los niños entre 7 y 13 años deben concurrir a la escuela por el término de cuatro años.

Por un decreto del Ministerio de Defensa se incorpora al escudo nacional la frase "Por la razón o la fuerza".

Fallece a los 20 años Sor Teresa de Jesús de los Andes, que se convertirá en 1993 en la primera santa chilena.

El censo nacional revela que la población llega ahora a los 3.730.235 habitantes. Santiago alcanza a 507 mil y treinta ciudades, incluida la capital, suman en conjunto un millón 200 mil habitantes; en el país aumenta la proporción de población urbana. El índice de analfabetismo se ha reducido al 50 por ciento.

que nombra Sherlock Holmes en un cuento de Arthur Conan Doyle.

En mayo, en Valparaíso, y en el mes siguiente en Santiago, se estrena la película *Manuel Rodríguez,* dirigida por Arturo Mario y protagonizada por Pedro Sienna. El argumento se apoya en la novela *Durante la reconquista*, de Alberto Blest Gana. La película obtiene un gran éxito de público y se exhibe durante largos años.

Alberto Agostini, sacerdote salesiano italiano, filma un documental sobre los onas. Es el único testimonio fílmico que se conserva sobre las tribus indígenas de la Patagonia.

El teatro Victoria publica un aviso en *La semana cinematográfica* destacando ocho razones para que el público lo privilegie; una de ellas: "es el teatro al que los padres pueden enviar a sus hijos con toda confianza".

El músico Osmán Pérez Freire (1880-1930) da a conocer su canción "Ay, ay, ay", que alcanza una gran difusión internacional. Otras canciones suyas: "El delantal de la china", "La tranquera", etc.

1921 En su 4º Congreso Nacional, realizado en Rancagua, la FOCH decide afiliarse a la Internacional Sindical Roja, con sede en Moscú. A fines de año, el Partido Obrero Socialista decide cambiar su nombre, dando nacimiento al Partido Comunista de Chile, que se incorpora de inmediato a la Tercera Internacional.

La producción de cobre sitúa a Chile en el segundo lugar entre los países productores del mineral en el mundo.

En medio de una huelga en las salitreras del Norte, se produce una masacre en la plaza de la oficina San Gregorio. La intervención de fuerzas militares causa la muerte de una cuarentena de obreros. La matanza marca el inicio de una fuerte caída en la popularidad de Alessandri. 3 de Febrero *

Se funda en Valparaíso el diario *La Estrella*, perteneciente a la cadena de *El Mercurio*. *La Nación*, por su parte, comienza la publicación de *Los Tiempos*, vespertino, el primero que introduce en el país el formato tabloide. Dura hasta 1931.

Se realiza el primer sorteo de la Lotería de la Universidad de Concepción. El premio mayor fue de veinte mil pesos.

Con sus doce pisos y sus 40 metros de altura, el edificio Ariztía, situado en la calle Nueva York 52, es el primer rascacielos que se construye en Santiago. Un cronista de hoy cuenta que la prensa de la época "alcanzó el éxtasis" al anunciar la buena nueva.

* Intendente: Luciano Hiriart
Tte Buenaventura Argandoña

1921 Aunque Pablo Neruda viene publicando poesía desde hace largos años en periódicos y revistas, "La canción de la fiesta", una modesta *plaquette* que recoge el poema laureado que dedicó a la Reina de la Primavera de Parral, es oficialmente el primer título de su muy extensa bibliografía.

Se suicida en París la poetisa Teresa Wilms Montt (1893-1921), célebre por su belleza. De ella dijo Edwards Bello: "Deslumbró a escritores y artistas. Era ella, siempre ella, impenetrable e inalterable. Caminaba en su propia belleza como la luna en un cielo despejado".

Acario Cotapos funda en París con el francés Edgar Varese la Liga Internacional de Compositores "para dar a conocer obras contemporáneas ignoradas por las programaciones oficiales".

Se estrena la Primera Sinfonía de Enrique Soro, que es a su vez, la primera en su género que se compone en el país.

Pedro Sienna, actor de gran popularidad en su tiempo, dirige su primera película, *Los payasos se van*, basada en una obra teatral de gran éxito entre los años 15 y 20. Fuera de él, actúan en el film, entre otros, Rafael Frontaura y el poeta Víctor Domingo Silva. La fotografía la hizo parcialmente Salvador Giambastiani, quien muere poco tiempo después del estreno del film. Con él desaparece uno de los grandes pioneros del cine chileno.

José Bohr estrena una nueva película, *Esposas certificadas*, filmada también en Punta Arenas, tras lo cual viaja a Santiago para abandonar enseguida el país. No volverá sino hasta la década del 40.

Se realiza el primer film de dibujos animados hecho en Chile, *La transmisión del mando presidencial*, dibujada y realizada por Alfredo Serey en Concepción, con fotografía de Nicolás Martínez.

La Semana Cinematográfica informa que las compañías distribuidoras de películas extranjeras disponen para estreno próximo de un total de 891 films nuevos. En su número de diciembre la revista publica los resultados finales de la encuesta organizada para elegir a las actrices y actores favoritos del público. Los ganadores son, entre ellas, Norma Talmadge y Perla White. Entre ellos, William Farnum y Antonio Moreno.

El historiador, periodista y escritor Alberto Edwards opina en *Pacífico Magazine* sobre las posibilidades del cine nacional y enumera los puntos a favor: "clima ideal, atmósfera luminosa, poca lluvia" (...) "ningún país del mundo puede competir con Chile en materia de factores naturales". Las desventajas tienen que ver con el material humano: "la belleza de los actores es un factor decisivo de éxito, y en esto no hay que hacerse ilusiones, porque nuestra raza no es hermosa por la mezcla india en las clases inferiores y aún en parte de las clases medias".

1922 Muere a los 76 años el almirante Jorge Montt, quien encabezara la insurrección que derribó al gobierno de José Manuel Balmaceda.

Se inician en Washington, con el auspicio del gobierno norteamericano, las negociaciones entre Chile y Perú que, siete años después, culminarán en un acuerdo sobre el diferendo en torno a Tacna y Arica.

Se utiliza por primera vez el recurso de la "nulidad matrimonial": apelando al artículo

1922 En Estados Unidos, el Instituto de las Españas de la Universidad de Columbia publica *Desolación*, el primer libro de Gabriela Mistral, que reúne parte de su producción dispersa.

Aparece *Los gemidos*, uno de los libros fundamentales del poeta Pablo de Rokha. El crítico Hernán Díaz Arrieta (Alone), que nunca apreció la obra del poeta, habla de "800 páginas delirantes" que conforman "uno de los mejores documentos de literatura patológica" publicados en Chile.

31 de la Ley de Matrimonio Civil, se logra la separación legal de la pareja.

El aviador Diego Aracena une en un biplano "De Haviland" las ciudades de Santiago y Río de Janeiro en un vuelo con ocho escalas que dura 38 horas.

Terremoto en el norte del país. La ciudad de Vallenar queda totalmente destruida, dejando alrededor de 1.300 muertos.

El boxeador Luis Vicentini, llamado "el escultor de mentones", gana el campeonato sudamericano de peso liviano.

El 19 de agosto se realiza desde la Casa Central de la Universidad de Chile la primera transmisión radial en el país. 200 personas reunidas en el hall de *El Mercurio*, escuchan con asombro la emisión, que se inicia con los acordes de la marcha *It's a long way to Tipperary,* y que comprende diversas interpretaciones musicales, entre ellas el "Ave María" de Gounod, cantado por María Ramírez Arellano, y un "discurso político de actualidad" dicho por Rafael Maluenda. El programa termina con la Canción de Yungay.

Abre sus puertas en la calle Monjitas *La Bahía,* famoso restaurante, que fuera durante cuarenta años uno de los puntos de encuentro más tradicionales de políticos, escritores, periodistas y otros sectores de la vida santiaguina. Cesó sus actividades en 1963.

1923 Inicia su funcionamiento la planta hidroeléctrica Los Maitenes, situada a 53 kilómetros de Santiago.

Se funda oficialmente la Cruz Roja Chilena de Beneficencia Social.

La novela *El hermano asno*, de Eduardo Barrios, es recibida con elogios por la crítica. Alone dice en *La Nación:* "Querríamos expresarle al autor nuestra admiración por su novela, sin duda la más fina que se ha escrito entre nosotros".

Pedro Sienna dirige su segunda película, *El empuje de una raza*, con argumento de Víctor Domingo Silva, en tanto que Carlos Cariola rueda *Pájaros sin nido*, un melodrama de corte social.

Se inaugura el teatro Esmeralda en la calle San Diego, sala de cine construida conforme a una concepción moderna del espectáculo cinematográfico: una gran capacidad (cerca de 2.400 localidades) ajena a la idea de "barracón" pero sin lujos. Dos años después se repite la fórmula con la inauguración del O'Higgins, en la calle San Pablo, en el que caben más de 2.500 espectadores.

Visitan el país la recitadora argentina Berta Singerman, que obtiene una gran acogida de público, y la actriz española Lola Membrives, a quien acompaña Jacinto Benavente. El dramaturgo español pronuncia varias conferencias que tienen un eco importante en los medios teatrales.

Debuta como primer actor teatral Lucho Córdoba (1903-1981), quien junto con la actriz Olvido Leguía formaría durante cincuenta años la más célebre compañía de comedias del teatro chileno.

1923 Aparece *Crepusculario*, de Pablo Neruda. Es su primer libro; el poeta tiene entonces sólo 19 años. "*Amo el amor de los marineros que besan y se van* ", verso de "Farewell", poema contenido en el volumen, se conserva desde entonces en la memoria de todos los chilenos.

Política, sociedad

Se inaugura el primer ferrocarril eléctrico entre Santiago y Valparaíso. En esta última ciudad, por otra parte, entra en funciones la primera central telefónica automática del país.

Inicia sus transmisiones la Radio Chilena, la más antigua radioemisora nacional. En la inauguración participaron el humorista Luis Rojas Gallardo y el compositor Osmán Pérez Freire, cuya canción "Ay, ay, ay" fue interpretada por la orquesta de Ubaldo Grazioli. Alfredo Figueroa hizo las presentaciones, convirtiéndose así en el primer locutor de la radiotelefonía nacional.

Un comercio santiaguino pone en venta los primeros aparatos receptores de radio llegados al país.

Del Concurso Mundial de Belleza organizado por el diario francés *Le Journal*, se realiza en Chile una réplica nacional, con el auspicio de *Zig-Zag* y *La Nación.* Las bellezas chilenas compiten enviando sus fotos y los lectores votan, dándoles a ellas la opción de ganar un "lujoso auto cerrado Marquette", una máquina filmadora, dos pasajes ida y vuelta a Buenos Aires, muebles, ajuares de ropa, etc.

Aparece *Los Sports*, primera revista deportiva publicada en el país.

Cultura, espectáculos

En México, donde permanece como invitada del gobierno para colaborar en la Reforma Educacional, Gabriela Mistral publica *Lecturas para mujeres*, antología con textos poéticos y en prosa.

Inician su carrera literaria dos escritores que alcanzarán con los años gran notoriedad: Marta Brunet, que publica la novela *Montaña adentro*, que "rompe el mito de la visión idílica del campo y de su gente" y José Santos González Vera, con *Vidas mínimas,* cuyo título define una buena parte del enfoque que tendrá toda su literatura posterior.

Domingo Santa Cruz funda la Sociedad Bach para difundir la música selecta europea.

Se filman ese año siete largometrajes argumentales. Carlos Borcosque rueda *Hombres de esta tierra*, con el popular boxeador Luis Vicentini. Estrena también *Traición*, en la que trabaja como asistente suyo Tito Davison, quien con los años se convertirá en realizador internacional. Alberto Santana realiza tres películas: *Por la razón o la fuerza, Corazón de huaso* y *El odio nada engendra.* En ellas, se observa el intento por desarrollar un folletín melodramático cuya temática calaba hondo en el gusto popular. Las otras dos cintas fueron hechas por conocidos escritores: *Almas perdidas*, por Antonio Acevedo Hernández, y *La copa del olvido*, por el novelista Rafael Maluenda.

Política, sociedad

1924 En el mes de septiembre el gobierno de Arturo Alessandri es derrocado por los militares, que protestan por sus bajos sueldos, en contraste con el aumento acordado para la dieta parlamentaria. Protestan también por el fraude en las elecciones de los congresales. El presidente parte al exilio y el gobierno es asumido por una Junta que preside el general Luis Altamirano.

Cultura, espectáculos

1924 Se publica la primera edición de *Veinte poemas de amor y una canción desesperada,* de Pablo Neruda, que consolida su naciente fama de poeta. En la poesía de habla hispana no hay otro libro que haya tenido como éste una difusión tan vasta. El "Poema 20" ha quedado grabado para siempre en la memoria colectiva: "*Puedo escribir los versos más tristes esta noche...*"

Política, sociedad	Cultura, espectáculos

Por presión de los insurrectos, antes de verse obligado a renunciar, el gobierno de Alessandri dicta una serie de importantes leyes sociales, relacionadas principalmente con las disposiciones laborales. Entre ellas, las que crean el Seguro Obrero Obligatorio (Ley Nº 4054) y la indemnización por accidentes del trabajo (Nº 4055).

La Cámara vota por primera vez una proposición para establecer el divorcio vincular en la legislación chilena. La moción es rechazada por 52 votos contra 45.

En diciembre se suicida Luis Emilio Recabarren (1876-1924), tipógrafo, animador y director de numerosos periódicos obreros, fundador de la Federación Obrera de Chile (FOCH) y del Partido Obrero Socialista, que luego pasó a ser Partido Comunista de Chile.

Se aprueba la ley que crea el Depósito Legal obligatorio de todo lo que se imprime en el país. Se persigue con esto la conservación del patrimonio impreso de la nación, preservando así su memoria histórica.

En el mes de septiembre se inicia el recorrido regular de la línea ferroviaria electrificada entre Santiago y Valparaíso, la primera en ponerse en servicio.

Quintín Romero Vence al argentino Luis Angel Firpo, el "Toro Salvaje de la Pampa", y gana la corona sudamericana de boxeo de todos los pesos.

Abre sus puertas el Estadio Santa Laura. Su inauguración "fue uno de los hitos deportivos de la década", cuenta una historiadora del deporte chileno.

Inician su funcionamiento las radios El Mer-

Muere el poeta Manuel Magallanes Moure (1878-1924), quien fuera el amor secreto de Gabriela Mistral.

Aparece *Nuevos cuentos militares*, en el que Olegario Lazo Baeza (1878-1964) retoma y completa sus relatos, considerados clásicos, sobre la vida en el ejército.

Pedro Prado publica la novela *Un juez rural.*

Es un año pródigo en largometrajes: se estrenan nueve películas, la más importante de las cuales es *Un grito en el mar*, dirigida y actuada por Pedro Sienna, con fotografía de Gustavo Bussenius.

La película *El Monje*, de Alberto Santana –basada en el poema homónimo de Pedro Antonio González– suscita una entrevista apócrifa que publica *La Estrella* de Valparaíso (González había muerto en 1903). En ella, el poeta dice: "La película la considero un insulto para la vasta obra literaria de la que soy modesto autor".

El film de mayor éxito y uno de los más taquilleros de la época del cine chileno mudo es *Golondrina,* que dirige y produce Nicanor de la Sotta. Se acompaña con música de Osmán Pérez Freire.

Antonio Acevedo Hernández realiza su segunda y última película, *Agua de vertiente*, que produce escándalo por una escena donde aparece una muchacha bañándose desnuda en un río.

Debuta en Valparaíso la Royal Orchestra, dirigida por el músico e investigador musical Pablo Garrido. Se considera la primera orquesta chilena de jazz.

curio, en Santiago, y Cerro Alegre, en Valparaíso.

Dos revistas nuevas: *Para todos* y *Don Fausto.* Esta última alcanzará durante años una amplia difusión en el público juvenil.

En el diario *La Nación* se publica lo que se considera el primer puzzle que haya aparecido en la prensa chilena.

1925 En enero, nuevo pronunciamiento militar, que reemplaza la Junta presidida por Altamirano por una nueva, presidida por Emilio Bello Codesido. Esta restituye en su puesto a Alessandri. "El León" regresa del exilio y es recibido con ovaciones; reasume la presidencia en marzo.

En el mes de agosto, en un plebiscito es aprobada una nueva Constitución de la República. Algunas de sus disposiciones más importantes: la separación de la Iglesia y el Estado, y la elección directa de Presidente de la República, poniendo fin al régimen parlamentario. Muchas de sus disposiciones fueron letra muerta durante la dictadura de Carlos Ibáñez y sólo empezaron a regir con posterioridad a 1932.

Con el fin del parlamentarismo cesa el carnaval de crisis ministeriales provocadas por votaciones en el congreso adversas al Ejecutivo: 85 cambios de gabinete (348 ministros) en los gobiernos de seis presidentes entre 1891 y 1920, es el balance poco edificante del período.

De acuerdo a los términos de la nueva legislación laboral, se crea en una fábrica de muebles de Traiguén el primer Sindicato Industrial del país.

En un artículo "Balance Patriótico" publica-

1925 Manuel Rojas publica su primer libro, *Hombres del sur,* una colección de relatos. Comprende "Laguna", uno de sus cuentos más célebres.

Aparece el libro de ensayos *Chile y los chilenos*, de Alberto Cabero (1874-1955), intento de explicación de la condición nacional.

En el mes de octubre se promulga el Decreto Ley N° 558 que crea el Consejo de Censura Cinematográfica, integrado por el Director general de Bibliotecas, dos representantes del Presidente de la República y dos de la Municipalidad de Santiago.

Se estrenan dieciseis largometrajes argumentales, la cifra más alta en toda la historia del cine chileno. Entre ellos, el que se considera la obra más importante de nuestra cinematografía muda, *El húsar de la muerte*, basada en la vida de Manuel Rodríguez, dirigida y actuada por Pedro Sienna, con argumento suyo y de Hugo Silva, y fotografía de Gustavo Bussenius. Obtuvo un éxito clamoroso entre el público y fue muy celebrada por la crítica. Es el único film chileno mudo que se conserva en la actualidad.

El prolífico Alberto Santana realiza cinco películas y Carlos Borcosque rueda su film más ambicioso, *Martín Rivas*. Es una versión, do en el periódico *Acción*, Vicente Huidobro escribe las siguiente sentencias lapidarias: "La justicia en Chile haría reír, si no hiciera llorar (...) es un absceso putrefacto (...) Dura e inflexible para los de abajo, blanda y sonriente con los de arriba". "Chile aparece como un inmenso caballo muerto, tendido en las laderas de los Andes bajo un gran revuelo de cuervos".

Por consejos de la misión Kemmerer se crea el Banco Central, que tendrá entre otras atribuciones, el monopolio para emitir billetes. La decisión se encuadra dentro e un plan global de reestructuración del sistema monetario y financiero nacional.

Se dicta la primera Ley de Servicios Eléctricos, que crea una oficina gubernamental de control y supervigilancia de las instalaciones eléctricas.

Eduardo de Windsor, Príncipe de Gales, visita el país. Siete días de festejos públicos, en medio de la impaciencia –según cuentan los cronistas– del coronel Carlos Ibáñez, ministro de la Guerra, quien esperaba sólo que el príncipe se marchara para que el Presidente Alessandri renunciara.

Huelga minera en el Norte. El Ejército interviene en la oficina salitrera La Coruña, reprime a los huelguistas a cañonazos y produce una matanza, una de las peores de la historia sindical del país. Se calcula que llegan a 600 los muertos durante la masacre.

Presionado por la pugna con el Ejército y sus discrepancias con el ministro de Guerra, coronel Carlos Ibáñez, el presidente Alessandri renuncia a su cargo. En las elecciones realizadas a continuación es elegido Emiliano Figueroa, quien asume la jefatura del Estado. Ibáñez, en su calidad de minis-

trasladada al siglo XX, de la popular novela de Blest Gana. Es vista con gran entusiasmo, y le gana a su autor el apelativo de "Cecil B. de Mille criollo".

La sala Splendid dedica el mes de enero a las películas de Chaplin. Anuncia, entre otras, *Detrás el telón, Día de pago, El Vigilante,* etc.

El drama *La serpiente*, de Armando Moock, es la primera obra literaria chilena llevada al cine en el extranjero. La filman en Hollywood con el título de *Cobra*, protagonizada por Rodolfo Valentino y Geraldine Farrar.

En el diario *La Nación* del 24 de febrero se afirma: "El cine nacional empieza a tomar auge en tal forma, que ya va significando una realidad que en un futuro no lejano ocupará totalmente todas las programaciones de nuestro país".

tro de Guerra y luego del Interior, sigue siendo el hombre fuerte del régimen. Comparado por algunos con los "cowboys" del cine, su popularidad es indudable. Cuando su imagen aparece en los noticiarios cinematográficos, el público la recibe con una salva de aplausos.

Inicia su funcionamiento la Caja Nacional de Empleados Públicos y Periodistas, que llegará a ser uno de los más importantes organismos previsionales del país.

El boxeador iquiqueño Estanislao Loayza, apodado "El Tani", disputa el título mundial de boxeo en la categoría liviano en el Madison Square Garden de Nueva York. Aunque fue derrotado, figura en la galería de los inmortales del célebre coliseo. 13 de julio

Se funda el Colo Colo Football Club, formado por un grupo de jugadores que abandona la vieja escuadra del Magallanes. Lidera la escisión David Arellano, quien tras su trágica muerte dos años después, se convertirá en una figura emblemática del club. Inicia también sus actividades el Club Deportivo de la Universidad Católica. 19 de abril

Las calles de Santiago tienen por fin alumbrado eléctrico. Por esos mismos días, se inaugura el funicular del cerro San Cristóbal, en cuyas faldeos se inicia, además, la construcción del nuevo Jardín Zoológico de la ciudad.

1926 El presidente Emiliano Figueroa desata una campaña de persecución a políticos opositores y dirigentes obreros. Las medidas se atribuyen al ministro de Guerra, coronel Carlos Ibáñez del Campo.

El país comienza a vivir una aguda crisis económica por la caída de las ventas del salitre

1926 El poeta Vicente Huidobro presenta una efímera candidatura a la presidencia de la República. No se muerde la lengua para atacar a "la nueva aristocracia de la banca", que carece de patriotismo y "todo lo cotiza en pesos y para la cual la política vale tanto como cuanto sonante pueda sacarse de ella".

en los mercados internacionales, situación ahora irreversible por la virtual imposibilidad de competir con el salitre sintético.

En la Compañía de Electricidad de Valparaíso se funda, conforme a la nueva legislación laboral, el primer Sindicato Profesional de empleados.

Abre sus puertas en Valparaíso la Universidad Técnica Federico Santa María.

Se crea el Parque Nacional Vicente Pérez Rosales, el más antiguo del país. Cubre más de 250.000 Ha. en lo que es actualmente la X Región.

Aparece el diario *El Imparcial*, vespertino de tendencia conservadora, que se publicará sin interrupción hasta el año 1953.

Ricardo Latcham (1903-1965) publica el ensayo *Chuquicamata, estado yankee*. Como crítico literario ejerce durante treinta años un claro magisterio, con sus crónicas semanales en el diario *La Nación* y en varias revistas nacionales y extranjeras. Es autor de antologías y de diversos otros trabajos ensayísticos.

Aparece *De pluma y de pelo. Novelas de costumbres zoológicas,* de Rafael Maluenda, donde aparece "La Pachacha", cuento que figura en casi todas las antologías nacionales.

Nuevos films de Jorge Délano (Coke), Nicanor de la Sotta, Juan Pérez Berrocal, Alberto Santana, Pedro Sienna (que se retira definitivamente del cine), y Carlos Borcosque, que dirige *El huérfano*, el único film chileno para niños que hayan hecho nuestros realizadores.

Se exhibe, en medio de una cierta expectación pública, *La quimera del oro*, de Charles Chaplin. El estreno se produce simultáneamente en los teatros Colón, Odeón, Avenida, Electra y Minerva. Estrenan también, con gran entusiasmo, *El hijo del sheik*, con Rodolfo Valentino.

En el mes de julio, en *Las Ultimas Noticias* un lector sostiene que la censura cinematográfica, "es inmoral por la forma en que se mantiene"; otro expresa, en cambio, que "la funestísima influencia que las vistas inconvenientes ejercen en la moral social, exige la implantación de una severa censura". Un tercer lector piensa que la censura debe preocuparse más bien de que los textos escritos que salen en las películas "estén escritos en un buen castellano", lo que no ocurre.

Se inaugura el cine Carrera, que aunque de

1927 En abril renuncia a su cargo el presidente Emiliano Figueroa y al mes siguiente se realizan elecciones. Gana Carlos Ibáñez del Campo, candidato único, quien hasta entonces se ha desempeñado como Vicepresidente de la República. Desde sus comienzos "Ibáñez inició un Gobierno de rasgos dictatoriales que provocó detenciones, relegaciones, deportaciones, exilios y limitación de otras libertades civiles, entre ellas la de prensa" (Aylwin *et al*).

Los servicios de la llamada Policía Fiscal y el cuerpo de Carabineros de la República se fusionan, dando nacimiento al Cuerpo de Carabineros de Chile. Se esgrimen como razones la necesidad de hacer más eficaz la prevención de la delincuencia y el enfrentamiento con "los disturbios sociales", que se han ido incrementando.

Se crea la Contraloría General de la República.

Importantes reformas en la enseñanza: la educación primaria se extiende a seis años, y la secundaria, supervigilada hasta enton-

gran capacidad (1600 localidades), estaba orientado a un público aristocrático.

Aparece en disco "Y tenía un lunar", popular tema de José Bohr interpretado por él mismo. Se considera la más antigua grabación chilena de música bailable con influencia de jazz.

Con la ejecución de la Séptima Sinfonía de Beethoven, el preludio de "Los maestros cantores" de Wagner y piezas del músico nacional Pedro Humberto Allende, debuta la Orquesta Sinfónica Municipal (llamada luego Nacional), la primera en su género en Chile. La dirige Armando Carvajal.

1927 Aparece *La fronda aristocrática*, conjunto de ensayos históricos de Alberto Edwards. Hasta hoy forma parte de la bibliografía fundamental en el estudio de nuestra historia política.

Como premonición de lo que sería una producción torrencial, Pablo De Rokha publica varios libros de poesía: *Cosmogonía*, *U*, *Satanás* y *Suramérica.*

Se estrena la obra dramática *Arbol viejo*, de Antonio Acevedo Hernández.

La ciudad de Antofagasta pasa a ser el principal centro de producción cinematográfica del país: de los nueve films estrenados en el año, seis se producen en la ciudad nortina. Entre ellos, *Buscador de fortuna*, de Arcady Boytler, actor ruso que años después dirigirá en México películas de una cierta importancia.

Tres películas más de Alberto Santana: *Madres solteras*, *Los cascabeles de Arlequín,* y *Cocaína,* que trata, como su nombre lo indica, del tema de la drogadicción.

ces por las autoridades universitarias, pasa a depender del Ministerio de Educación. Por decreto se adopta oficialmente, por otra parte, la ortografía de la Real Academia Española, abandonándose las normas de la gramática de Andrés Bello, seguidas durante largos años.

En el mes de julio una delegación de cadetes de la Escuela Militar que viaja en delegación oficial a la Argentina, sufre un accidente ferroviario en Alpatacal con un saldo de doce víctimas fatales. Los cadetes sobrevivientes desfilan en las calles de Buenos Aires con sus ropas destrozadas en medio de la emoción de los espectadores.

En una gira realizada a Europa por el club Colo Colo, fallece David Arellano, capitán del equipo, considerado uno de los mejores jugadores chilenos de fútbol de todos los tiempos. En un partido que Colo Colo jugaba en España con el club Valladolid, Arellano recibe un golpe en el estómago que le causa al día siguiente la muerte.

Los pilotos franceses Costes y Le Brix cubren en un vuelo de 12 horas la ruta Santiago-La Paz.

Se funda Puerto Aysén, capital de la provincia del mismo nombre.

Dos empresas, la Odeón y la RCA Víctor, inician la impresión de discos musicales.

El poeta y escritor Vicente Huidobro gana en Hollywood el concurso organizado por la League of Better Pictures para elegir el mejor libro para ser llevado a la pantalla. El premio recae en su novela-guión *Cagliostro.*

En Ginebra, Suiza, compiten en un certamen internacional veinte de los mejores pianistas del mundo. El primer premio lo obtiene Claudio Arrau.

Se presenta en público el conjunto vocal Los Cuatro Huasos, grupo pionero en la difusión de la música folklórica de raíz campesina.

Con matriz argentina y dos tangos interpretados por la orquesta de Roberto Firpo, se lanza el primer disco impreso en el país.

1928 Un terremoto destruye las ciudades de Talca y Constitución, con pérdidas humanas superiores a las 600 personas. En *La Nación*, el cronista César Cascabel publica en su columna un chiste que no le hace gracia a los talquinos: "Ahora sólo quedan dos grandes ciudades: París y Londres".

1928 Se funda la Editorial Ercilla, que durante un largo período desarrolla una notable labor de publicación de numerosas colecciones, con obras de los más diversos géneros, destacándose el esfuerzo realizado en la traducción de títulos europeos y norteamericanos, que circulan en toda Latinoamérica.

El diferendo con Perú sobre la soberanía de Tacna y Arica, que se arrastra desde 1883, comienza a resolverse con el restablecimiento de las relaciones diplomáticas entre ambos países.

Entran en funciones los Tribunales del Trabajo en todo el país. Otra importante decisión gubernamental: se inicia oficialmente el cálculo del alza del costo de la vida mes a mes.

En Valparaíso inicia sus funciones la Universidad Católica, fundada oficialmente cuatro años antes. Nace por inspiración de Rubén Castro Rojas, cura párroco de Quillota.

Se fija una nueva división territorial del país, reduciéndose el número de provincias a dieciséis.

La creación de la Caja de Colonización Agrícola representa la primera tentativa histórica para introducir modificaciones en la tenencia de la tierra.

Se inaugura la planta eléctrica Los Queltehues en el Cajón del Maipo.

Con cierta solemnidad, la Municipalidad de Santiago da la partida al primer camión recolector de basura de la ciudad, que reemplazará a los carros tirados por caballos.

Siguiendo la línea de *El Mercurio* y *La Nación*, que lo han lanzado en los dos años anteriores, *El Diario Ilustrado* inaugura un noticiario cinematográfico propio.

En Viña del Mar se inaugura el Casino de juego, que sólo se trasladará en 1931 al edificio que todavía ocupa en la actualidad.

En las Olimpíadas de Amsterdam, el atleta Manuel Plaza gana la medalla de plata en el

Se publica *Albué, estampas de una aldea*, de José Santos González Vera, que afirma a un escritor de fino estilo y punzante ironía.

Jenaro Prieto (1889-1946) publica su novela *El socio*, que ha dado origen a partir de los años 40 a tres versiones cinematográficas diferentes, en México, Francia y Estados Unidos.

En el mes de enero, mediante el Decreto Ley Nº 593 se aprueba el Reglamento del Consejo de Censura Cinematográfica. Por indicación del escritor Eduardo Barrios, entonces ministro de Educación, se crea la clasificación "Para mayores. No recomendable para señoritas", que se mantiene durante varias décadas.

Se pone fin al sueño de que Antofagasta pudiera convertirse en el "Hollywood chileno". Se rueda allí *Vergüenza*, de Juan Pérez Berrocal, que es inicialmente prohibida por la crudeza del tema –la prostitución y las enfermedades venéreas– pero la salva la indicación del ministro Barrios.

Esteban Artuffo y Carlos Cariola filman una película con Manuel Plaza, atleta que tuvo un brillante desempeño en las Olimpíadas de Amsterdam.

Se estrena *La viuda de Apablaza,* considerada la principal obra teatral del dramaturgo Germán Luco Cruchaga (1894-1936), y pieza clave de la dramaturgia chilena.

Epoca estelar del espectáculo revisteril en el teatro Santiago, con las cuatro hermanas Arozamena.

Maratón olímpico. "Plaza fue cubierto con la bandera de Chile –cuenta Acevedo Hernández– y dio una vuelta al trote por toda la pista, en medio de una delirante ovación". A su regreso, fue recibido en la Estación Mapocho por una multitud de 30 mil personas. Aun hoy, para muchos, Plaza es el mejor deportista chileno de todos los tiempos.

1929 Se firma el Tratado de Lima, que pone fin al litigio entre Chile y Perú por la cuestión de Tacna y Arica. Tacna pasa a ser provincia peruana y Arica se mantiene en manos de Chile. Se traza la llamada Línea de la Concordia, límite entre los dos países.

Se funda en Valparaíso la Universidad Técnica Federico Santa María.

Creación de dos organismos de servicio público: la Dirección del Registro Electoral y... el Jardín Zoológico, otrora instalado en la Quinta Normal y cuya ubicación pasa a estar ahora en los faldeos del cerro San Cristóbal.

El territorio de Magallanes pasa a ser oficialmente una provincia del país.

Pilotando un avión Havilland Moth, el teniente Arturo Meneses Kinsley inaugura la Línea Aeropostal Santiago-Arica, que une ambas ciudades tras un viaje de 30 horas con más de media docena de escalas. La empresa pasó en 1932 a llamarse Línea Aérea Nacional, LAN.

Al terminar la década en el país funcionan ya quince estaciones radioemisoras.

1929 Se publica *El delincuente*, de Manuel Rojas, colección de cuentos; entre ellos, "El vaso de leche", un clásico de la narrativa breve nacional.

Una encuesta organizada por la revista *Zig-Zag* proclama a Daniel de la Vega como el poeta chileno más popular. Le siguen Víctor Domingo Silva, Pedro Antonio González y Gabriela Mistral.

Se publican *País blanco y negro*, de Rosamel del Valle (1900-1965), poeta vanguardista de dilatada producción, y un nuevo libro de Pablo de Rokha, *Escritura de Raimundo Contreras.*

Visita Chile la célebre bailarina Josephine Baker, la "Diosa de ébano" del Folies Bergère de París. Sus presentaciones fueron muy exitosas, a pesar de la campaña de grupos de señoras que declaraban que "su única gloria ha sido ir por el mundo pecando y escandalizando a las naciones". Fallece en París la escultora Rebeca Matte (1875-1929), autora del monumento a los Héroes de La Concepción.

La calle del ensueño, de Jorge Délano (Coke), filmada con el propósito expreso de ser enviada a la Feria Internacional de Sevilla de ese año, obtiene allí una distinción.

Se funda el Instituto de Cinematografía Educativa de la Universidad de Chile. Bajo la dirección de Armando Rojas Castro desarrolla una intensa actividad de difusión y producción del Noticiario ICE y de documentales del más diverso carácter. A fines del año siguiente funcionaban ya catorce archivos provinciales repartidos en todo el país, que organizaban exhibiciones periódicas.

1930-1939

El 5 de septiembre de 1938 se produce la matanza del Seguro Obrero, en la que son fríamente ases dos por la fuerza policial más de setenta jóvenes nacionalsocialistas. El acontecimiento opera a mod bisagra entre dos épocas históricas. Se cierra la era de los grandes caudillos: la de Alessandri, quien su acuerdo para proceder a la acción represiva deja en claro lo lejos que quedó el líder populista de años veinte y la de Ibáñez, que con el retiro de su candidatura y su apoyo tácito a Pedro Aguirre Ce despeja el camino para que triunfe el Frente Popular. Se abre entonces el período de los gobier radicales.

Política, sociedad

1930 En el mes de marzo, el presidente Ibáñez nombra personalmente a los integrantes del Congreso Nacional. La designación se produce durante su permanencia en las Termas de Chillán, y de allí el nombre de "Congreso Termal" con que quedó en la historia.

La crisis económica alcanza niveles dramáticos. Según un Informe de la Liga de Naciones, Chile es el país más afectado en su comercio exterior por la recesión económica mundial.

Se crea la FACH, Fuerza Aérea de Chile, como rama independiente de la Defensa Nacional.

Con una conversación entre los presidentes Ibáñez y Hoover, se inaugura oficialmente la comunicación telefónica directa entre Chile y Estados Unidos.

En el Cerro Castillo de Viña del Mar se inaugura el Palacio Presidencial que cumplirá las funciones de residencia veraniega de los mandatarios chilenos.

El austríaco Karl Brunner, profesor de urbanismo en la Universidad de Chile, propone al gobierno la realización del Barrio Cívico. De su idea original, sin embargo, se deja fuera la construcción del nuevo Congreso Nacional, cuyo emplazamiento estaba previsto en la Plaza Almagro.

Se abre en la zona de Lonquimay el túnel de las Raíces, a 1.010 metros de altitud. Con sus 4.557 metros de longitud es el más largo del país.

La población del país llega ese año, según

Cultura, espectáculos

1930 Muere el historiador José Toribio Medina (1852-1930), autor de una vasta y fundamental obra en el campo de la investigación historiográfica.

Aparece *La viuda del conventillo,* novela de Alberto Romero (1896-1981), una de las obras claves del realismo social en la literatura nacional. Otras obras suyas: *La mala estrella de Perucho González, La novela del perseguido, España está un poco mal.* Fue uno de los fundadores de la Alianza de Intelectuales de Chile, que jugará un papel clave en la solidaridad con la España republicana durante la guerra civil española.

El 5 de enero se estrena en el teatro Carrera la película norteamericana *Melodías de Broadway*, de la Metro Goldwyn Mayer, el primer film sonoro exhibido en el país. El 4 de abril se proyecta *El cantor de jazz* en el teatro Victoria, formándose en las funciones largas colas de espectadores. En agosto se exhibe *Anna Christie*, en que se oye por primera vez la voz de Greta Garbo. La curiosidad pública por saber lo que pasaría con la diva se resuelve para algunos en desilusión. Un lector escribe en *Ecran* que "la Garbo habla con voz voluminosa casi de hombre".

Canción de amor, de Juan Pérez Berrocal, es el único largometraje nacional argumental que se estrena ese año.

El día 7 de abril se publica el número Uno de la revista *Ecran,* especializada en el tema cinematográfico, que aparecerá ininterrumpidamente hasta 1969, año en que deja de publicarse.

Se inaugura el teatro Real, en la calle Comdatos del Censo Nacional, a un total de 4.287.445 habitantes. Santiago tiene 696 mil habitantes.

pañía. Por las mismas fechas, incorporan equipo sonoro a sus proyecciones el Coliseo y el Imperio y hacia fines de año ya hay en Santiago 25 salas que disponen de ese equipamiento.

La llegada del sonoro impacta a la gente de teatro, que ve amagadas sus posibilidades. Los escritores intervienen en el debate que se produce. Rafael Maluenda lo condena, categórico: "Pienso, sencillamente, que no es cine", y Salvador Reyes sostiene que "la palabra desvirtúa el juego puramente objetivo de la imagen".

En *Ecran* Nº 3 aparece la siguiente gacetilla memorable: "A veces el cine sonoro se arrepiente de su sonoridad y calla. Esos momentos en que las figuras se mueven y gesticulan en el más completo silencio, son instantes de reflexión del cine sonoro. Recuerda su pasado prudente y acaso siente miedo de su locuacidad de hoy".

Se presentan en Chile grandes figuras de la lírica internacional: Margarita Salvi, Tito Schipa y Feodor Chaliapin. Éste conmueve a los públicos de Santiago y Valparaíso con su creación en *Boris Godunov.*

Se funda la Facultad de Bellas Artes de la Universidad de Chile.

En *Meditaciones sudamericanas*, el conde de Keyserling sostiene que "los chilenos son, de todos los pueblos sudamericanos, el de más carácter".

1931 El 1º de mayo es declarado Fiesta del Trabajo y por decreto del gobierno se convierte en feriado para los empleados públicos. Paralelamente, se refunden todas las disposiciones legales relacio-

1931 Se funda la Sociedad de Escritores de Chile, SECH.

Aparece en Madrid *Altazor*, de Vicente Huidobro, extenso canto que "plasma la teoría creacionista" y "reproduce una especie nadas con los problemas laborales y se dicta el Código del Trabajo.

El Gobierno introduce el Control de Cambios para enfrentar el drenaje de reservas fiscales que trae la crisis económica.

Las conspiraciones contra el gobierno menudean y la grave crisis económica provoca una aguda tensión social. En el mes de julio las protestas comienzan cuando los estudiantes universitarios se toman la Casa Central de la Universidad de Chile, los siguen los profesionales, que se declaran en huelga, y finalmente el pueblo se manifiesta en forma multitudinaria en las calles. El presidente Carlos Ibáñez opta por renunciar y abandona el país. Asume como vicepresidente Juan Esteban Montero.

Una de las principales manifestaciones de masas fue la que realizaron en ese mes de julio miles de mujeres, que protestan contra la desocupación y las alzas, y los atropellos de que son víctimas sus esposos, hijos y hermanos.

En el mes de septiembre se produce una sublevación de las tripulaciones de la Armada en Coquimbo que luego reciben el apoyo de la escuadra sureña. La insurrección es desbaratada por el Ejército y la Fuerza Aérea en cruento enfrentamiento.

En octubre se realizan elecciones presidenciales y es elegido Juan Esteban Montero, quien derrota a su contendor, Arturo Alessandri Palma. Es la primera vez que en la discusión pública se habla de derechas (constituida por conservadores, liberales y radicales), que apoyaron al candidato triunfante, e izquierdas (conformadas por demócratas, liberales doctrinarios, socialistas y radicales socialistas), agrupadas tras Arturo Alessandri.

de catastro existencial de nuestra época, mostrando las grandes preocupaciones de la humanidad" (N. Nómez). "*Altazor, ¿por qué perdiste tu primera serenidad? / ¿Qué ángel malo se paró en la puerta de tu sonrisa / con la espada en la mano?*

Joaquín Edwards Bello publica *Valparaíso, la ciudad del viento*, novela que en ediciones posteriores se llamó sucesivamente *En el viejo Almendral* y *Valparaíso (Fantasmas)*.

Poesías recoge en forma póstuma la producción de Carlos Mondaca (1881-1928)

Se inaugura la sala Baquedano, diseñada para presentar obras teatrales y cine sonoro con un moderno equipo Western Electric.

La productora Page Bros presenta *Patrullas de avanzada.* Gracias a su tema patriótico, obtiene un cierto éxito de público. Fue la última película muda que se produjo en el país.

"Me parece que fue ayer cuando un puñado de muchachos ilusos nos echábamos a andar por esos campos de Dios con el corazón palpitante, los bolsillos abultados con sandwiches y naranjas y un negro cajón a cuestas. ¡Cajón maravilloso!" (Pedro Sienna, evocando en una conferencia los años del cine mudo).

Muere Crescente Errázuriz Valdivieso (1839-1931), quien se desempeñara como Arzobispo de Santiago, función en la cual contribuyó decisivamente a superar los problemas surgidos en el proceso de separación de la Iglesia del Estado.

Con la dictación del Estatuto que reglamenta la enseñanza superior, se legaliza la existencia de las universidades de Concepción, Técnica Federico Santa María de Valparaíso, Católica de Chile y Católica de Valparaíso. Paralelamente queda legalmente consagrada la autonomía de la Universidad de Chile.

Aparecen la revista satírica *Topaze*, dirigida por Jorge Délano, "Coke", y el diario vespertino *La Segunda* ("segunda edición" de *Las Ultimas Noticias*), perteneciente a la cadena de *El Mercurio.* Se publica, además, el Nº 1 de la revista *Hoy*, que cumplirá durante largos años, en particular en la década del 30, una notable labor en el campo de la información cultural y el debate de ideas.

1932 En el mes de junio Juan Esteban Montero es derrocado por una sublevación que encabeza el comodoro del aire Marmaduque Grove. Se instala una junta de gobierno que proclama la llamada "República Socialista", de efímera existencia, porque dura sólo catorce días. Uno de sus integrantes, Carlos Dávila, se adueña del poder, desplaza a los otros dos miembros, Grove y Eugenio Matte, ordenando su destierro a Isla de Pascua, y se declara Presidente Provisional de la República. Dura un corto tiempo en el cargo (el período se conoce como "gobierno de los cien días"), porque es depuesto por su ministro del Interior, el general Bartolomé Blanche. Reemplazado luego por el presidente de la Corte Suprema, Abraham Oyanedel, éste convoca a elecciones y es elegido Presidente Arturo

1932 En el mes de julio se publica en el *Diario Oficial* el decreto que establece que el Consejo de Censura dependerá en lo sucesivo del ministerio de Educación.

Con el título *Derrumbe de un régimen* los camarógrafos de Heraldo Films, empresa filial del diario *El Mercurio*, presentan un documental sobre la renuncia del general Ibáñez a la presidencia de la República. Lo exhibieron la mayoría de las salas de cine del país.

En un viaje por mar, el realizador chileno Adelqui Millar traba conocimiento con Carlos Gardel, tras lo cual filman ambos en París, en los estudios de Joinville, la película *Luces de Buenos Aires.*

Alessandri Palma, quien asume en el mes de diciembre.

La crisis económica mundial ha repercutido drásticamente en Chile. Entre 1929 y 1932 la producción de salitre ha caído en un 95 por ciento, reduciéndose en una proporción similar sus exportaciones. Otro tanto ha ocurrido con las exportaciones agrícolas. Disminuyen los créditos externos, y todas las áreas productivas –la minería, la agricultura, la construcción, la industria– se han visto afectadas, produciéndose una fuerte cesantía. Masas de obreros sin trabajo abandonan la pampa salitrera y son alejados en paupérrimas condiciones en albergues santiaguinos.

Se funda el Movimiento Nacional Socialista, que declara su afinidad con las tesis nazis.

5 de abril

El senador Héctor Rodríguez de la Sotta, Presidente del Partido Conservador, pronuncia en su Convención un discurso que se hace célebre. Declara que los pobres existirán "mientras el mundo sea mundo". La pobreza, agrega, "es un hecho natural, está dentro del plan providencial que así sea. Si este orden natural se alterase, la Humanidad quedaría condenada a desaparecer".

Conmoción pública originan la desaparición del profesor comunista Jesús Anabalón –a quien la policía había detenido– y el asesinato del periodista Santiago Mesa Bell, quien denuncia en la prensa al subprefecto de Investigaciones Alberto Rencoret como autor el secuestro del primero. Meses después, el cuerpo de Anabalón atado con alambres y decapitado es hallado en el fondo de la bahía de Valparaíso.

Aparece el diario *La Opinión*, de propiedad del político socialista Juan Bautista Rossetti,

En el Teatro Coliseo, gran temporada revisteril de la Compañía de Inés Berrutti, vedette argentina.

CB 130, Radio Universo emite "La enemiga", la primera obra de radioteatro transmitida en Chile. Los protagonistas son Maruja Cifuentes y Carlos Justiniano.

Muere Alberto Edwards (1873-1932), escritor y periodista, fundador y director de la revista *Pacífico Magazine,* autor también de numerosos trabajos históricos, *La fronda aristocrática,* entre ellos.

sólo tiene en común el título con el periódico de 1915, de Tancredo Pinochet. Se publicará hasta 1951.

Se realiza el Undécimo Congreso de la Federación Araucana de Raguintucania, que proclama la República Indígena.

Se funda el Liceo Experimental Manuel de Salas, punto de partida de muchas de las reformas aplicadas posteriormente en la enseñanza secundaria.

Se inicia en el país la industria del plástico con la fundación de la fábrica de Bakelita Shyf.

1933 Se funda el Partido Socialista de Chile mediante la fusión de diversos grupos afines. La dirección queda en manos de Eugenio Matte Hurtado, Marmaduque Grove, Carlos Alberto Martínez y Oscar Schnake. 19 de abril

En este año alcanzan su punto culminante las llamadas Milicias Republicanas, organización paramilitar de inspiración nacionalista, integradas principalmente por jóvenes provenientes de las clases altas de la población. Llega a tener 50 mil voluntarios armados en todo el país, que disponen de todo lo que concierne a un verdadero ejército, incluso un pequeño destacamento aéreo. El presidente Alessandri no oculta sus simpatías por las Milicias, que proclamaban ser salvaguardas del "régimen legal de gobierno", en contra del militarismo y del comunismo. Se disolverán en 1936.

Aparece el Nº 1 de la revista *Ercilla*. Durante un prolongado período, particularmente en los años 40 y 50, será el semanario informativo más difundido e influyente del país.
En esas décadas escribirán en sus páginas

1933 Pablo Neruda publica *Residencia en la tierra*, considerado por muchos estudiosos como su obra fundamental. Ejerce una gran influencia en los poetas de su tiempo. Con ella se produce una metamorfosis "que permite a Neruda ver en lo oscuro, encontrar su camino confuso a través del don de la profecía" (E. Rodríguez Monegal).

Aparece la novela corta *De repente*, del escritor Diego Muñoz (1903-1990), autor también del libro de cuentos *Malditas cosas* y de las novelas *La avalancha* y *Carbón.*

En Madrid se publica la novela *El hombre en la montaña*, de Edgardo Garrido Merino.

Muere el pintor Juan Francisco González (1853–1933), a quien Gabriela Mistral calificara como "uno de los comadrones" de la pintura chilena.

Se inaugura el Central, en la calle Huérfanos, logrando la reputación de ser uno de los teatros más elegantes de Santiago.

algunos de los nombres que integran la plana mayor del periodismo chileno: Lenka Franulic, Luis Hernández Parker, Julio Lanzarotti, Manuel Seoane, Hernán Millas, Enrique Cid, Isidro Corbinos, Aníbal Pinto, y otros.

Salen al mercado los primeros radiorreceptores fabricados en serie en el país.

1934 En el mes de junio se produce la llamada masacre de Ránquil, en la zona de los Altos del Biobío. Hay un enfrentamiento armado entre campesinos indígenas y carabineros que deja entre los primeros un elevado número de muertos. En el Senado, el ministro del Interior justifica la operación: "Se trata de un salteo –dice–, de un asalto a mano armada y el Gobierno tiene la obligación de someter a esos delincuentes".

Es asaltado el local de la Federación Obrera de Chile, FOCH, con el trágico resultado de ocho sindicalistas muertos.

Se otorga a las mujeres el derecho a voto, pero restringido únicamente a las elecciones municipales.

El gobierno crea la Corporación de Ventas de Salitre y Yodo, que regulará la comercialización el nitrato, fuertemente afectado por la competencia del salitre sintético.

Una carta del Papa Pío XII dirigida a los obispos chilenos, en que aclara el papel de los católicos en política, pone fin a las pretensiones del Partido Conservador de presentarse como el "partido de la Iglesia".

La popular cantante y actriz cinematográfica argentina Libertad Lamarque, de paso por Chile, intenta suicidarse: se lanza desde la ventana del hotel donde se aloja y cae sobre un transeúnte, dejándolo malherido. Ella resulta ilesa.

Se incorpora a la redacción de la revista *Ecran*, Tito Davison, para cooperar con Carlos Borcosque. Actor en su origen, Davison se convertirá con el tiempo en realizador, y desarrollará una labor en México, filmando en Chile en la década del 40.

1934 Carlos Sepúlveda Leyton (1894-1944) publica la novela *Hijuna*, que junto con *Camarada* y *La Fábrica* conforman una trilogía autobiográfica de fuerte contenido social.

Con *Tránsito al fin* inicia Eduardo Anguita su importante obra poética.

Jorge Délano filma la primera película parlante hecha en Chile, *Norte y sur*, con Alejandro Flores e Hilda Sour. La historia se ambienta en la mina La Olvidada, reconstruida en estudios. Se estrena con gran cobertura de diarios y revistas. Duró largas semanas en cartelera. La crítica dice: "Se ha hecho por primera vez en Chile una filmación conforme a los modernos procedimientos yanquis. Todo con luz artificial, todo dentro de los *sets*".

Viva Villa, película norteamericana protagonizada por Wallace Beery, es prohibida por la Censura. Dos de sus miembros consideran que el film "enseña al pueblo a hacer revoluciones".

Durante los días de Navidad, en las tiendas de juguetes céntricas la novedad son las muñecas modelo Shirley Temple.

En los meses de mayo y junio se producen seis fusilamientos –en Quirihue, San Bernardo, Traiguén y San Felipe– lo que constituye un récord sin precedentes en la historia penal chilena.

La Línea Aérea Nacional realiza el primer vuelo entre Santiago y Punta Arenas en trayecto que dura 13 horas.

El arriero Mario Pastén, integrante de un grupo expedicionario, es el primer chileno en llegar a la cumbre del Aconcagua.

1935 En el mes de abril unas 64 mil mujeres participan por primera vez en una elección, votando en los comicios municipales. Fruto de este proceso, en las comunas de Providencia y de San Felipe son elegidas las primeras alcaldesas de nuestra historia.

Se funda el MEMCH, Movimiento de Emancipación de la Mujer de Chile, dirigido por Marta Vergara, Elena Caffarena, Olga Poblete, Aída Parada, María Marchant, Laura Rodig y otras. Es una de las primeras organizaciones femeninas que animan y logran continuidad en el trabajo de organización de las mujeres.

Cunden los enfrentamientos callejeros entre grupos nazis y jóvenes socialistas y comunistas. Se forma el Block de Izquierda, antecedente inmediato del Frente Popular.

Se funda la Confederación de la Producción y del Comercio.

La Isla de Pascua, arrendada entonces a una compañía inglesa para la crianza de ovejas, es declarada Parque Nacional.

Aparece el diario matutino *La Hora*, que aspira a reverdecer la línea laica mantenida por

1935 Aparece *La última niebla*, de María Luisa Bombal (1910-1980), novela corta. El crítico Alone exclama: " ¿Dónde aprendió esta joven de sociedad, en qué escuela, con cuál maestro, su arte que parece inmemorial e impalpable? " Tres años después, la autora publica *La Amortajada*, conformando una obra considerada como un logro mayor de la narrativa escrita en Chile por mujeres.

Pablo Neruda publica la segunda parte de *Residencia en la tierra.*

Se publica la *Antología de la poesía chilena nueva*, preparada por Eduardo Anguita y Volodia Teitelboim, que desata una gran polémica en los medios literarios.

El rey de la Araucanía, novela de Víctor Domingo Silva es uno de los varios libros que se han dedicado al pintoresco Orélie-Antoine I.

Roberto Matta se une en París a los surrealistas.

Fallece el pintor Alvaro Casanova Zenteno, autor de telas dedicadas a las glorias de la Marina Chilena.

el otrora célebre *El Ferrocarril*. Su primer director es el escritor y periodista Aníbal Jara. Se publicará hasta 1951.

Inician su funcionamiento las radios Cooperativa Vitalicia y Sociedad Nacional de Agricultura, que alcanzan pronto gran popularidad.

1936 En el mes de abril se forma el Frente Popular, coalición política que resulta de un acuerdo entre los partidos Radical, Comunista y Socialista. Chile se suma así a los países europeos –Francia y España, entre ellos– donde ha prendido la consigna lanzada por la Internacional Comunista para detener el avance de fascismo.

El tradicional teatro Santiago, donde actuaron célebres compañías, como la de Pepe Vila y la del barítono Tapia y Cetrián, se convierte en sala de cine.

El gobierno suspende la exhibición de la película norteamericana *El agente británico*, porque en ella aparece la figura de Lenin, lo que provoca grandes aplausos en el público.

Controversia en los periódicos por *Hombres del mañana*, de Frank Borzage, película pacifista norteamericana considerada poco oportuna por la situación que se vive en el mundo. *El Mercurio* sostiene que "las intenciones del director son buenas, pero no hay que olvidar que la guerra es un almácigo de virtudes cívicas y viriles".

La visita a Chile del actor norteamericano Clark Gable da lugar a múltiples manifestaciones de histeria, protagonizadas por las miles de fanáticas que lo esperaron en el aeropuerto de Los Cerrillos y que lo persiguen en los días siguientes.

Surge el espectáculo revisteril chileno en el Teatro Balmaceda, situado en la Plaza Artesanos, al lado de la Vega Central. Será el vivero de intérpretes muy populares como Rolando Caicedo, Alejandro Lira, Gabriel Araya, Pepe Olivares, Romilio Romo, y autores como Gustavo Campaña, Pedro J. Malbrán, Pepe Rojas, Mario Cánepa.

1936 Nicanor Parra publica su primer libro, *Cancionero sin nombre*, que muestra un clara influencia de la poesía de Federico García Lorca. Obtiene con él el Premio Municipal de Poesía de ese año.

Manuel Rojas publica una novela juvenil, *La ciudad de los Césares*, basada en la popular

Gracias al estrechamiento de los contactos en el mundo sindical entre comunistas, socialistas, radicales y demócratas, se funda la Confederación de Trabajadores de Chile, CTCH, que toma el relevo de la FOCH, disuelta durante la dictadura de Ibáñez. La CTCH nace por la fusión de prácticamente la totalidad de las organizaciones sindicales, tanto de obreros como empleados, con excepción de la CGT, Confederación General de Trabajadores, de inspiración anarcosindicalista.

En la revista *Zig-Zag* se publica una foto en que el capitán de fragata Edgardo Streeter da la mano a la actriz infantil Shirley Temple, a quien se ha declarado "mascota internacional" de la Marina de Chile.

leyenda. El tema lo retoman Hugo Silva en *Pacha Pulai* (1938) y Luis Enrique Délano, que repite el título de Rojas (1939).

Otros libros: *Zoe* y *Mar amargo*, de Benjamín Subercaseux, y la novela *Paralelo 53-Sur*, de Juan Marín.

Muere Julio Vicuña Cifuentes (1865-1936), poeta y lingüista.

Se funda la Alianza de Intelectuales de Chile para la Defensa de la Cultura, que se propone aglutinar a escritores, pintores, músicos, comediantes, etc. en la lucha contra el fascismo. Su primer presidente es Pablo Neruda.

Se inauguran el cine Santa Lucía frente al cerro del mismo nombre, y el teatro Metro, en la calle Bandera.

En el teatro Central se estrena *Una noche en la ópera*, de los hermanos Marx.

Debuta la cantante de ópera Rayén Quitral, a quien en algunas ocasiones le gusta mostrar sus orígenes araucanos cantando descalza, cubierta con un sayal negro, trapalacucha y trarilonco.

1937 El Partido Radical ratifica en una Convención su apoyo a la formación del Frente Popular. A la coalición ingresan, además, el Partido Democrático y la Confederación de Trabajadores de Chile.

Inicia sus actividades la Academia de Guerra de la Fuerza Aérea de Chile.

Se aprueban algunas leyes importantes: la del Salario Mínimo, que protege las rentas de empleados de la industria y el comercio; la que crea y regula la Medicina Preventiva en Chile, y la de Seguridad Interior del Estado,

1937 Pablo Neruda publica *España en el corazón*, marcando un viraje en su poesía. Al interrogante de por qué ha escogido esa vía nueva, donde el problema político está tan presente, responde con patética reiteración, en el poema "Explico algunas cosas": *Venid a ver la sangre por las calles...!*

Con *Imprecación a la bestia fascista, Moisés* y *Gran temperatura*, Pablo de Rokha sigue incrementando su ya copiosa producción.

Margarita Xirgu realiza su tercera gira en Chile. Fuera de piezas del teatro clásico esque establece normas restrictivas en relación con el ejercicio de diversos derechos civiles.

Se inicia la construcción del Barrio Cívico de Santiago, el más importante proyecto urbanístico de transformación del centro de la capital.

La tenista Anita Lizana gana el torneo abierto de Forest Hill en Estados Unidos, y se consagra, según la crítica norteamericana, como la número uno en el ranking mundial. Es lo que informa, al menos, la prensa santiaguina.

Se realiza en el Estadio Militar el primer "clásico universitario" oficial entre los equipos de las universidades de Chile y Católica. Gana la "U" por 1 a 0.

Se funda el Foto Club de Santiago, primera agrupación de quienes comienza a cultivar este arte en el país.

pañol y universal, presenta en el teatro Municipal, con un enorme éxito, *Doña Rosita la soltera, Bodas de sangre, Yerma, La zapatera prodigiosa* y *Mariana Pineda*, de Federico García Lorca, autor conocido hasta entonces en Chile sólo por su obra poética y la resonancia que tuvo la noticia de su asesinato el año anterior a manos de los franquistas.

Recogiendo la tradición de Los Cuatro Huasos, se forma el conjunto Los Quincheros, que después pasará a llamarse Los Huasos Quincheros.

En la revista *Hoy* cuentan que la película mexicana *Allá en el rancho grande*, estrenada en el cine Santa Lucía, "ha enloquecido de entusiasmo a los chilenos, ha sido un gran éxito popular de masas". Sostiene Edwards Bello: ""La música y el cine mexicanos dieron a nuestra masa popular un tónico de confianza y de seguridad personal".

Sensación produce Vivianne Romance, sensual vampiresa del cine francés, en *Besos de fuego.*

"Uno que ha seguido con interés los esfuerzos hechos en Chile para producir películas, no puede mirar el fenómeno sino con profundo desaliento" (Manuel Seoane, "Simbad", en *Hoy)* .

1938 El día 5 de septiembre se produce la llamada "Masacre del Seguro Obrero". Un grupo de estudiantes que se declaran nazis, en su mayoría universitarios, intenta un "putsch" para derribar el gobierno de Arturo Alessandri. Unos se congregan en la Casa Central de la Universidad de Chile, pero la mayoría se atrinchera en las oficinas del Seguro Obrero, frente a la Plaza de la Constitución. El gobierno ordena

1938 Los radicales cambios políticos que se producen este año dan pie para bautizar a una nueva promoción de escritores que hacen suyas las preocupaciones sociales y procuran "dar categoría literaria a las luchas de emancipación política y económica de las clases trabajadoras" (F. Alegría). Esta llamada Generación del 38 comprende, entre otros, a Nicomedes Guzmán, Francisco Coloane, Reinaldo Lomboy, Guillermo Atías, que el recinto sea desalojado por la fuerza, la policía interviene y son fríamente abatidos a tiros 63 jóvenes.

Fuertemente impresionada por la matanza del Seguro Obrero, la opinión pública da su apoyo en las elecciones presidenciales a Pedro Aguirre Cerda (1879-1941), político radical, candidato del Frente Popular, quien vence por estrecho margen a Gustavo Ross Santa María, ministro de Hacienda del gobierno de Arturo Alessandri y candidato de los partidos de derecha.

La asunción a la presidencia de Pedro Aguirre Cerda, educador cuyo lema como gobernante es "Pan, Techo y Abrigo", abre en el país una etapa de esperanza e ilusiones, en particular en los sectores medio y popular. Es la primera vez que Chile tiene un presidente de izquierda.

Se funda la Falange Nacional, agrupación de inspiración social cristiana, con base en la teorías de Jacques Maritain. La forman jóvenes que abandonan el Partido Conservador. Los dirige Manuel Garretón Walker.

Abre sus puertas el Estadio Nacional, cuya construcción fue durante años objeto de apasionada polémica. El día de su inauguración, el presidente Alessandri declara: "Lo único que deseo es que este elefante blanco se pueda llenar algún día".
El público, por su parte, lo recibe con una impresionante silbatina, expresando su protesta por la matanza del Seguro Obrero.

Al día siguiente de su inauguración, se desarrolla un encuentro entre los clubes de fútbol del Colo Colo y el brasileño Sao Cristovao, ganando el primero por 6 goles a 3.

Se termina la construcción del túnel de Las

Fernando Alegría, Volodia Teitelboim, Luis Merino Reyes, Juan Godoy, Carlos Droguett.

Aparece en Buenos Aires *Tala*, de Gabriela Mistral. Por entonces la poetisa lleva ya largos años ejerciendo las funciones de Cónsul de Chile, cargo que desempeñará hasta su muerte en un peregrinaje a través de múltiples ciudades: Madrid, Lisboa, Guatemala, Niza, Petrópolis (Brasil), Los Angeles, Veracruz, Nápoles, Nueva York, entre otras.

La *Antología de cuentistas chilenos*, preparada por Mariano Latorre, es una de las primeras obras de cierta significación publicadas en el género.

Fallece Rodolfo Lenz (1863-1938), eminente filólogo alemán, que realizó en Chile una importante labor pedagógica y científica.

En los cines Central y Santa Lucía se exhibe *Blanca Nieves y los siete enanitos*, film norteamericano que bate todos los récords de taquilla registrados hasta entonces. La versión castellana ha sido realizada por el chileno Rafael Elizalde McClure.

El Consejo de Censura Cinematográfica "aplica una moral de tía solterona, anticientífica y caprichosa" y sus integrantes "carecen de la capacidad y la responsabilidad necesarias" (Almayer, en la revista *Hoy)*.

Raíces, que con sus más de 4 mil 500 metros es el más largo del país. Sólo se utilizó para el servicio ferroviario a partir de 1949, funciones que ya no cumple.

Un grupo de ingenieros alemanes realiza en la escuela de Ingeniería de la Universidad de Chile la primera transmisión de televisión en circuito cerrado realizada en el país.

Santiago alcanza "la fantástica población de un millón de habitantes". "Por sus arterias –dice una revista– corre un torrente febril de gente, que le da a la romántica y colonial villa de otro tiempo, una fisonomía de la verdadera urbe moderna".

1939 En el mes de enero un fuerte terremoto destruye casi totalmente la ciudad de Chillán, dejando un saldo de varios miles de muertos, afectando también a Concepción y, en general, toda la zona comprendida entre Talca y el Biobío. Para hacer frente a la catástrofe, el gobierno crea la Corporación de Reconstrucción y Auxilio. Una revista habla de "sacudón epiléptico", en el que "luego de un largo estertor de agónico, veinte ciudades y cien caseríos desaparecieron en un turbión denso y oscuro".

Se funda la Corporación de Fomento de la Producción, CORFO, institución que tendrá a su cargo como tarea global planificar el desarrollo económico del país y coordinar el conjunto de las actividades productivas, tanto públicas como privadas. Será, durante décadas, una palanca fundamental en la promoción de la economía nacional.

Una de las primeras iniciativas de la CORFO es la puesta en marcha de un Plan de Electrificación Nacional, que prevé la construcción de centrales de generación eléctrica a lo largo del país.

1939 Se publican las novelas *Gente en la isla*, de Rubén Azócar (1901-1965), sobre la vida en Chiloé, y *Los hombres oscuros*, que marca el inicio como narrador de Nicomedes Guzmán (1914-1964), quien es considerado "el representante más destacado de la novela proletaria en Chile" (F. Alegría) .

En la conocida *boite* Tabaris se funda, por iniciativa de Pablo Garrido, el Club de Jazz de Santiago, que funcionará oficialmente a partir de 1943.

Tras años de silencio, el cine chileno parece que quiere renacer. Se estrenan dos films de Eugenio de Liguoro: *El hechizo del trigal*, cinta "campera", y *Entre gallos y media noche*, en que actúa por primera vez Ana González en el papel de "La Desideria", personaje que alcanza una gran popularidad. Otras películas: *Dos corazones y una tonada*, con Ester Soré, recién elegida Miss Radio Chile; y *Escándalo*, dirigida por Jorge Délano.

En el mundo rural, la tonada y la cueca, que

Tentativa fallida de golpe de estado encabezado por el general Ariosto Herrera. La prensa bautiza el intento como "ariostazo" .

Arriba a Valparaíso el "Winnipeg", barco fletado en Francia bajo la dirección del cónsul chileno Pablo Neruda. Llegan en el navío cerca de dos mil ciudadanos españoles, refugiados en Francia tras la derrota de la República. Entre ellos, algunos nombres que harán historia en la cultura chilena: José Ricardo Morales, Elena Gómez de la Serna, Arturo Lorenzo, Leopoldo Castedo, Arturo Soria, José Balmes, Roser Bru, Mauricio Amster, Vicente Salas Viu, Arturo Serrano Plaja y varios más. En los "Clásicos Univesitarios" de fútbol comienzan a actuar las "barras" de los clubes de fútbol de las Universidades de Chile y Católica. Sus presentaciones constituyen el espectáculo artístico-deportivo de masas más grande que se haya realizado en Chile. Duró hasta 1972.

El túnel transandino que une a Chile con Argentina queda habilitado para el tránsito de autos y camiones.

hasta entonces han sido las manifestaciones musicales dominantes, comparten ahora la primacía en el gusto popular con la ranchera, que ha logrado implantarse gracias a la enorme difusión del cine mexicano.

1940-1949

11 de diciembre de 1945. Gabriela Mistral recibe de manos del rey Gustavo V de Suecia el Premio Nobel de Literatura. Es el primer escritor latinoamericano en recibirlo. Hará con los años pareja con Neruda, quien lo recibirá en 1971.

Política, sociedad

1940 Se formalizan los derechos de Chile en el Continente Antártico, fijando los límites del territorio integrado a la soberanía nacional, que alcanza una superficie de 1.250.000 km2.

Se produce la ruptura del Frente Popular como resultado de las profundas diferencias que separan a los partidos Socialista y Comunista.

Aparece el diario *El Siglo,* órgano oficial del Partido Comunista, en reemplazo de *Frente Popular.* Sufrirá continuos acosos y persecuciones. Clausurado entre 1948 y 1952, desaparece definitivamente como diario tras el golpe militar de 1973. Reanuda su publicación como semanario en 1990.

Con gran pompa se inaugura el Hotel Carrera, que según un diario, será "un nuevo y magnífico sitio de reunión para damas, la juventud elegante y los hombres de negocios".

En el mes de febrero, el boxeador iquiqueño Arturo Godoy disputa la corona mundial de todos los pesos en match con el campeón Joe Louis y pierde por puntos. El encuentro es seguido con expectación en todo el continente, que se siente identificado con el retador chileno como encarnación del latinoamericano enfrentado al coloso yanqui. En la revancha realizada meses después, vuelve a perder, esta vez de modo concluyente.

El censo nacional arroja una población de 5.023.000 habitantes.

Cultura, espectáculos

1940 Aparece el tomo primero de la monumental *Historia de Chile*, de Francisco Antonio Encina, que alcanzará a completar veinte volúmenes. Por la "arbitrariedad desenfadada" (R. Latcham) de sus tesis, suscita una viva polémica, presente aún entre los historiadores de fin de siglo.

Se publica *Chile o una loca geografía*, de Benjamín Subercaseaux, ensayo que "penetra en la idiosincrasia del ser chileno con mirada viva y expresión sin tapujos" (M. Fernández Fraile) .

La novela *Angurrientos*, de Juan Godoy (1911-1981), dio su nombre a un movimiento de escritores (Fernando Alegría, Francisco Coloane, Juan Modesto Castro, Leoncio Guerrero y otros) que levantan la "angurria" (chilenismo, por "hambre canina") como bandera literaria emblemática. Postulaban la "revisión y difusión" de "la esencia chilena cultural".

En el teatro Metro de Santiago se estrena el film *Lo que el viento se llevó*, anunciado como "la obra cumbre de la cinematografía universal". En el comercio se ponen en venta muñecas "Scarlett", réplicas de la imagen de la protagonista, y la Municipalidad, teniendo en cuenta la duración del film, dispone servicios nocturnos especiales de sus diversas líneas de tranvías. La muletilla publicitaria de la película dice: " ¿Cuántas veces ha visto usted *Lo que el viento se llevó?* "

Visita Chile Errol Flynn, que repite las ya habituales escenas de fervor de las admiradoras de los astros hollywoodenses. El año anterior el blanco fue Tyrone Power.

Se inaugura la Sala Cervantes, en la calle Matías Cousiño, con una velada en la que participa la gran concertista en piano Rosita Renard.

La Corfo cancela su línea de créditos para el cine chileno, echando por tierra una serie de proyectos en marcha.

En el cine Principal se exhiben sistemáticamente los noticiarios sobre la Segunda Guerra Mundial: Movietone, Paramount, Noticiario Inglés y otros. También dibujos animados, documentales de viajes, cortos humorísticos y musicales.

El cine se ha convertido "en la más importante manifestación artística de la época (porque) ha amalgamado a todas las demás artes y ha llegado a ser una especie de escenario común de todas ellas" (Lenka Franulic, en *Hoy*).

La Universidad de Chile funda el Instituto de Extensión Musical. A su alero surge la Escuela de Danzas, que estará a cargo de los directores del Ballet Joos, Ernst Uthoff y Lola Botka. El primero es autor de importantes coreografías, como *Coppelia, Carmina Burana, El saltimbanqui, Don Juan* y otras.

1941 En el mes de febrero se disuelve definitivamente el Frente Popular, cuya cohesión se ha tornado imposible por las discrepancias entre comunistas y socialistas.

Con la presidencia del arzobispo José María Caro, se realiza el Congreso Eucarístico Nacional.

A principios de noviembre abandona el mando el Presidente Pedro Aguirre Cerda, aque-

1941 Aparecen las primeras ediciones de dos libros de un escritor debutante, Francisco Coloane: el libro de cuentos *Cabo de hornos*, y la novela juvenil *El último grumete de la "Baquedano"*. Premiados ambos, obtienen además un gran éxito de crítica y público.

Aviso publicitario de la Editorial Ercilla, anunciando algunas de sus publicaciones: *El mundo es ancho y ajeno*, de Ciro Alegría; *Humanismo integral*, de Jacques Maritain;

jado de una grave enfermedad, y semanas después fallece.

Se funda la Asociación Nacional de Empleados Fiscales, ANEF. La presidirá durante un largo período Clotario Blest, quien será luego uno de los fundadores de la CUT, Central Única de Trabajadores de Chile.

Muere Darío Salas (1881-1941), connotado educador, cuyas ideas dieron fundamento a la Ley de Instrucción Primaria Obligatoria, promulgada en 1920.

Con ceremonias oficiales y celebraciones populares en plazas y calles se conmemoran los cuatrocientos años de la fundación de Santiago.

Se instalan en la Alameda norte, entre Morandé y San Antonio, los primeros semáforos de la capital. La circulación de vehículos motorizados se ha hecho ya muy considerable. Con todo, circulan todavía en la ciudad 388 tranvías eléctricos.

Se crea el Parque Nacional Puyehue. En 1981 se establecen sus lindes definitivos, fijando su extensión en 106.000 há.

Cumbres borrascosas, de Emily Brontë, *Antología poética*, de Juana de Ibarborou; *Portales pintado por sí mismo* (su epistolario); *Germinación*, de Jean Giono, *Cien autores contemporáneos*, de Lenka Franulic, y varios títulos de la colección Excelsior: Zola, Teófilo Gautier, Schnitzler, Eça de Queiroz, hermanos Goncourt, John Stuart Mill, Dostoiewsky, Baltazar Gracián y Jack London.

La Editorial Zig-Zag anuncia que ese año sus exportaciones alcanzarán a los 260.000 libros. Junto con Ercilla, Cultura, Nascimento y Orbe ofrece un auspicioso panorama de la actividad editorial chilena.

Con cierta expectación se estrena *La chica del Crillón*, película de Jorge Délano, "Coke", basada en la novela homónima de Joaquín Edwards Bello. Tras el estreno el novelista declara a la prensa con franqueza brutal: "Es el mamarracho más grande que se ha rodado en Chile".

Eugenio de Liguoro presenta *Verdejo gasta un millón*, comedia humorística con Eugenio Retes y Malú Gatica. Recrea el personaje de Juan Verdejo, ideado en la revista *Topaze* como símbolo del "roto" chileno. El film tiene un gran éxito de público; es probablemente el que generó los mayores ingresos de todas las películas nacionales de la década del 40.

Gran polémica despierta la proyección de *El gran dictador*, de Charles Chaplin. Daniel de la Vega en *El Mercurio:* "Es un acto de beligerancia"; Manuel Vega en *El Diario Ilustrado*: "Este film ha sido un error"; *La Nación*: "Es un film de palpitante interés universal"; Tito Castillo en *La hora*: "Chaplin habla (aquí) de la libertad del hombre"; Manuel Seoane en *Ercilla*: "Vale sólo por los detalles"; *El Siglo*: "Es la obra cumbre del cine".

Se inaugura el cine Miami, que proyecta funciones rotativas, modalidad adoptada en Europa.

Se estrena *Fantasía*, anunciada como la obra máxima de Walt Disney.

Se funda la Orquesta Sinfónica dependiente del Instituto de Extensión Musical. Ofrece su primer concierto en el teatro Municipal con música de Bach, Mozart, Wagner y de algunos chilenos: Soro, Leng, Allende; la dirige Armando Carvajal.

Nace el Teatro Experimental, que se inicia bajo la dirección de Pedro de la Barra con el estreno de dos obras: *La guarda cuidadosa* de Miguel de Cervantes y *Ligazón,* de Ramón del Valle Inclán. Integraban el grupo fundador Agustín Siré, Roberto Parada, María Maluenda, Bélgica Castro, Domingo Tessier, Rubén Sotoconil, María Cánepa, Pedro Orthous y Fanny Fischer.

1942 En el mes de febrero se realizan las elecciones presidenciales, resultando triunfador Juan Antonio Ríos (1888-1946), abogado, dirigente del Partido Radical, a quien apoya una coalición formada por socialistas, comunistas, demócratas y la recién formada Falange Nacional. El candidato derrotado, Carlos Ibáñez del Campo, representaba a los partidos de derecha.

En el país opera una extensa y eficiente red del espionaje nazi. Con clara influencia en sectores claves del país, logra frenar las tentativas para que el país rompa sus relaciones con los países del Eje.

Se crea el Ministerio de Economía y Comercio, que tendrá a su cargo las instituciones fiscales y semifiscales relacionadas con las áreas financiera, comercial y productiva. Del

1942 El Premio Nacional de Literatura se otorga por primera vez, recayendo en el novelista Augusto D'Halmar (1882-1950), llamado por algunos el "Hermano Errante de Los Diez" y por otros, el "Almirante Fantasma". Es autor de *Juana Lucero, La sombra del humo en el espejo, La pasión del cura Deusto* y una decena de obras más.

Reinaldo Lomboy (1910-1979) publica la novela *Ránquil*, que recrea la masacre del Alto Biobío del año 34.

Aparece *Poemas selectos*, de Max Jara (1886-1965), autor, según algunos, de "un solo poema" ("Ojitos de pena"), no obstante lo cual recibió en 1956 el Premio Nacional de Literatura.

ministerio dependerán, por lo tanto, organismos como la CORFO y el Comisariato de Abastecimientos y Precios.

Se celebra por primera vez el Día de la Radio, festejo que se hará a partir de este año el día 21 de septiembre.

1943 Tras un largo período en que Chile había resistido las presiones internacionales para adoptar el acuerdo,

Eugenio de Liguoro filma *Un hombre de la calle*, con Lucho Córdoba y Olvido Leguía. Elemento de atracción de la película es la canción homónima interpretada por un popular cantante, Raúl Videla.

Cuatro compositores nacionales se destacan por su música en las películas recientes: Luis Martínez Serrano, Donato Román Heitman, Fernando Lecaros y Vicente Bianchi.

Un gran acontecimiento sacude el mundo cinematográfico chileno: se inauguran los estudios de Chile Films, empresa formada por la CORFO para promover el desarrollo de la industria del cine nacional.

Dos visitas de personalidades cinematográficas norteamericanas: Walt Disney, el "mago" del cine de dibujos animados, Y el actor y director Orson Welles. En plan de festejar a este último, sus anfitriones lo llevan a ver la película chilena *Escándalo*, de Jorge Délano "Coke". Welles se ahorra los comentarios.

Visita Chile la Compañía Francesa que dirige Louis Jouvet, que presenta obras de Molière, Jean Giraudoux, Paul Claudel y de otros autores clásicos y modernos franceses.

Se inaugura en la Escuela México de Chillán un magno mural, "Muerte al invasor", del pintor mexicano David Alfaro Siqueiros. La escuela y el mural forman parte de una donación hecha por México a Chile a raíz del terremoto de Chillán de 1939.

Muere en Buenos Aires Armando Moock, que ha ganado como dramaturgo una merecida celebridad.

1943 Fallece el antropólogo Ricardo E. Latcham, padre del crítico literario del mismo nombre.

el gobierno decide romper las relaciones diplomáticas con Alemania, Italia y Japón, alineándose de este modo con el bando de los Aliados en la Segunda Guerra Mundial. El incendio de la fragata "Lautaro" puso fin a las vacilaciones oficiales.

Se crean algunos organismos estatales importantes: la Dirección General del Registro Civil y la Dirección General de Informaciones y Cultura, entre otros.

La CORFO acuerda la creación de la Empresa Nacional de Electricidad, ENDESA, que tendrá a su cargo la planificación, ejecución y coordinación del Plan de Electrificación del País.

En Concepción inauguran el puente carretero sobre el río Biobío, que con sus 1.680 metros de longitud, es el más largo del país.

Aparece el vespertino *Las Noticias de Ultima Hora*, fundado por Carlos Becerra. De orientación de izquierda, los militares decretan su clausura definitiva tras el golpe de 1973.

Pablo Neruda publica *Canto General de Chile*, embrión de lo que luego será su obra magna, *Canto General.*

Aparece la novela *La sangre y la esperanza*, uno de los clásicos del realismo social chileno, de Nicomedes Guzmán. La obra es considerada novela emblemática de la Generación del 38.

Se publica *Idea de la individualidad*, del filósofo y ensayista Jorge Millas.

El Premio Nacional de Literatura es otorgado al escritor Joaquín Edwards Bello (1887-1968), autor de una muy extensa y notable obra como cronista en la prensa chilena. Publicó numerosos libros, entre ellos algunas célebres novelas, como *El roto*, *El chileno en Madrid*, *Valparaíso, la ciudad del viento*, *Criollos en París*, *La chica del Crillón*, etc. Valparaíso fue tema de tres de sus novelas y de innumerables artículos. Se recuerda su frase: "Cómo me gustaría ser Cónsul de Chile en Valparaíso". Sus crónicas han sido recogidas en varios volúmenes.

Los hermanos Arturo y Carmelo Soria fundan la Editorial Cruz del Sur, que hará algunas memorables ediciones: *Altazor, Residencia en la tierra*, poesía española clásica, discos de poesía con las voces de sus autores, etc.

Un gran acontecimiento musical wagneriano: la presentación de la ópera *Lohengrin*, con Lauritz Melchior.

En el cine nacional predomina el género de la comedia. Películas de Eugenio De Liguoro y José Bohr, interpretadas por Ana González, Olvido Leguía, Lucho Córdoba, Eugenio Retes, Rolando Caicedo, Américo Vargas, Alejandro Lira, entre otros.

Auge en las salas de cine, especialmente las de barrio, de las llamadas "funciones populares". En un día de la semana, diferente según la sala, se proyectan tres películas a precios rebajados. Largos intermedios que permiten consumo de helados y otras golosinas, interrumpidos por timbrazos que anuncian el comienzo inminente de la película siguiente.

Con la obra *El peregrino,* de Josef de Valdivieso, inicia su labor el Teatro de Ensayo de la Universidad Católica, que dirigen Pedro Mortheiru y Fernando Debesa.

1944 Se aprueban diversos cuerpos legales: los Códigos de Procedimiento Civil y de Procedimiento Penal y el Código de Justicia Militar.

Chile establece relaciones diplomáticas con la Unión Soviética.

Bajo la presidencia de la educadora Amanda Labarca se realiza el Primer Congreso Nacional de Mujeres, en el que participan más de 200 organizaciones femeninas. Nace la FECHIF, Federación Chilena de Instituciones Femeninas.

Aparece el diario *Las Noticias Gráficas*, que se especializa en la denominada "crónica roja", que toca de preferencia la información de crímenes y escándalos. Se publicó hasta 1954.

El Padre Alberto Hurtado, sacerdote jesuita, logra fundar el Hogar de Cristo, hospedería para pobres, a pesar de la sorda campaña en contra suya librada por los sectores católicos conservadores de la Iglesia y de la sociedad chilena.

1944 En la Alameda, frente a la Universidad de Chile, se realiza la primera Feria del Libro. La organizan editores y libreros, con el patrocinio de la Alianza de Intelectuales, la Sociedad de Escritores y la Dirección de Informaciones del Estado.

Se funda la Editorial del Pacífico que durante más de una década desplegará una intensa labor de publicación de libros.

El Premio Nacional de Literatura es otorgado a Mariano Latorre (1886-1955), conocido como jefe de la corriente criollista. Es autor de una extensa obra compuesta de novelas, cuentos y ensayos: *Zurzulita, Ully, Cuna de cóndores, On panta, Hombres y Zorros, Chilenos del mar, Chile país de rincones*, etc. Como profesor de literatura cumplió, además, una relevante labor en el Instituto Pedagógico de la Universidad de Chile. "Clásico de la tierra" lo llamó Pablo Neruda.

Andrés Sabella (1912-1989) publica la novela *Norte Grande*, libro emblemático de la vida salitrera. Escribe cuentos, ensayos, teatro, pero es ante todo poeta, autor de una extensa producción lírica.

Se habla de este año como del "año en que hubo esperanzas", porque Chile Films comienza su producción y el nuevo estudio alimenta la ilusión de que en el país está surgiendo una industria cinematográfica verdadera, una suerte de "pequeño Hollywood" local.

Dos películas nuevas decepcionantes: *Romance de medio siglo*, poducida por Chile Films, y la burda parodia *Hollywood es así*, de Jorge Délano "Coke".

En el mes de mayo sale el primer noticiario preparado por la Dirección de Informaciones y Cultura, DIC, organismo oficial. El equipo técnico lo integran Jorge Lira y los hermanos Taulis.

En *Ecran* se dice: "La historia del cine chileno es una serie de pasos en falso (...) Nuestro cine es una especie de fantasma intermitente, que aparece y se escurre de entre nuestros dedos cuando pretendemos asirlo".

Se inaugura el Museo de Arte Popular. Su primer director es el escritor Tomás Lago.

Pablo Burchard (1875-1964), uno de los reconocidos maestros de la pintura chilena, recibe el Premio Nacional de Arte.

1945 Prosiguiendo con su política de alineamiento con las potencias aliadas, Chile declara la guerra a Alemania en febrero, y dos meses después, al Japón.

Se funda el Partido Agrario Laborista, como producto de la fusión de antiguos grupos nazis con la Alianza Popular Libertadora creada años antes para apoyar a Carlos Ibáñez del Campo.

Pablo Neruda es elegido senador por las pro-

1945 La Academia sueca galardona a Gabriela Mistral (1889-1957) con el Premio Nobel de Literatura, convirtiéndola en el primer escritor latinoamericano acreedor a esa distinción.
Su producción poética, reunida hasta la fecha en pocos volúmenes, le ha dado sin embargo una indiscutida notoriedad mundial.

Se crea en la Universidad de Chile el Instituto de Extensión de Artes Plásticas, y comienza también su actividad el Coro Universitario.

vincias de Tarapacá y Antofagasta poco después de haber oficializado su ingreso al Partido Comunista. Este mismo año recibe el Premio Nacional de Literatura.

En el mineral de cobre de El Teniente se produce el mayor accidente minero de nuestra historia. Un incendio al que sucedieron varias explosiones produjo la muerte de 355 trabajadores.

Surge en Manantiales, en el extremo norte de la Tierra del Fuego el primer chorro de petróleo, explotado luego comercialmente. Se lo llamó pozo Springhill Nº 1.

El Ballet Nacional ofrece su primer espectáculo completo, estrenando *Coppelia* de Leo Delibes, con la interpretación de Patricio Búnster, Malucha Solari y Virginia Roncal.

Recibe el Premio Nacional de Arte Pedro Humberto Allende, uno de los primeros en incorporar elementos del folklore en la música culta.

El auge del bolero en el gusto popular queda subrayado con el éxito de "Nosotros", interpretado por Los Quincheros.

En Chile Films se intenta la fórmula de la "superproducción" con *La amarga verdad*, dirigida por Carlos Borcosque, una de las películas más ambiciosas y caras de nuestra cinematografía. No tiene mejor suerte con *La casa está vacía*, basada en una historia de un escritor alemán olvidado, Hermann Sudermann.

Eugenio de Liguoro insiste con sus films cómicos y sus parejas fetiches: Olvido Leguía y Lucho Córdoba, y Ana González como "La Desideria" y Eugenio Retes en su clásico papel de "roto".

Con un despliegue publicitario excepcional, el Teatro Metro anuncia la exhibición de *La luz que agoniza*, con Ingrid Bergman y Charles Boyer. Inaugura la nueva línea de películas dobladas al castellano implementada por Hollywood para ampliar su posicionamiento en el mercado latinoamericano. El público recibe con hilaridad y un franco rechazo el fuerte acento mexicano de las voces de la pantalla. El sistema fracasa y las películas vuelven al sistema de subtitulado.

En México se filma *El socio*, basada en la novela homónima de Jenaro Prieto, con la interpretación de Hugo del Carril y Gloria Marín.

1946 En los primeros días del año, ante una grave enfermedad que aqueja a Juan Antonio Ríos, asume como vicepresidente el ministro del Interior Alfredo Duhalde. Ríos fallece en junio.

El 28 de enero se produce la llamada "masacre de la Plaza Bulnes". Una concentración popular convocada por la Confederación de Trabajadores de Chile, CTCH, para solidarizar con los obreros del salitre que llevan largas semanas en huelga, es violentamente reprimida por la policía. El saldo arroja un centenar de heridos y seis muertos, entre ellos, la joven comunista Ramona Parra. El hecho origina una crisis en el interior de la CTCH, que se divide, creándose dos fracciones: una dirigida por los comunistas y otra por los socialistas.

El 4 de septiembre se realizan elecciones presidenciales y es elegido presidente el líder del ala izquierda del partido Radical, Gabriel González Videla (1898-1980), quien encabeza un conglomerado que integra también el partido Comunista. Al no obtener la mayoría absoluta sobre sus contendores, el conservador Eduardo Cruz-Coke, el liberal Fernando Alessandri y el socialista Bernardo Ibáñez, debe acudirse al Parlamento, que en reunión de Congreso Pleno lo proclama Presidente de la República.

González Videla incorpora en su gabinete a tres ministros del Partido Comunista, que había jugado un papel fundamental en la campaña. Conocidos son los versos que Pablo Neruda, jefe de la propaganda del candidato, le había dedicado: *"Desde la arena hasta la altura, / desde el salitre a la espesura, / el pueblo lo llama Gabriel / con sencillez y dulzura"*.

La CORFO funda la Compañía de Acero del Pacífico, CAP. Por las mismas fechas, arriban

1946 Muere Domingo Amunátegui Solar (1860-1946), destacado historiador nacional.

Eduardo Barrios (1884-1963) recibe el Premio Nacional de Literatura. Novelista, publicó entre otros títulos, *El niño que enloqueció de amor*, *Un perdido*, *El hermano asno*, *Gran señor y rajadiablos*. Esta última apareció al año siguiente de la obtención del premio.

La revista *Vea* comenta *Sueña mi amor*, film musical de Eugenio de Liguoro con el cantante argentino de boleros Leo Marini: "No es un salto, sino un kilométrico brinco hacia atrás de la cinematografía nacional".

Chile Films presenta tres películas. Insiste en la fórmula de textos literarios europeos y equipos técnicos argentinos no siempre solventes: *La dama de la muerte*, basada en un cuento de Robert Louis Stenvenson, dirigida y actuada por dos argentinos: Carlos Hugo Christensen y Carlos Cores. El chileno Adelqui Millar –director importado de Argentina– rueda *Tormenta en el alma*, tomada de una obra teatral del francés Victoriano Sardou, con la actriz argentina Mecha Ortiz. Argentino es también el equipo de la astracanada *El diamante del Maharajá*, que realiza Roberto de Ribbón con el actor cómico Luis Sandrini.

El Premio Nacional de Arte con mención en Teatro es otorgado a Alejandro Flores (1896-1962), quien fuera durante más de treinta años uno de los actores más populares de la escena nacional.

Inicia su carrera de cantante Lucho Gatica.

Visita Chile para actuar en teatro y radio el cantante y actor de cine Jorge Negrete. Se proa buen término las exploraciones en la zona de Manantiales, provincia de Magallanes, donde se descubre un importante yacimiento de petróleo.

El arzobispo de Santiago José María Caro es designado Cardenal, el primero en la historia de la Iglesia Católica chilena.

En un mitin realizado en el teatro Baquedano, se celebra por primera vez el Día Internacional de la Mujer.

Se construye el primer intento de realización de un núcleo vecinal concebido en forma global como una unidad. Es bautizado "Población Juan Antonio Ríos".

El nadador Jorge Berroeta cruza el Río de la Plata en 23 horas 27 minutos.

1947 En medio de un clima de tensiones sociales con huelgas en los principales centros obreros del país, el presidente González Videla decide romper con el Partido Comunista, contradiciendo sus dichos durante la toma de posesión del mando, de que no habría "fuerza humana ni divina que pudiera separarlo de los comunistas". Expulsa del gobierno a los ministros de esa filiación y ordena la detención de centenares de dirigentes políticos sindicales. Será la primera vez, aunque no la última, en que este pueblo costero sirva de campo de concentración.

El gobierno rompe relaciones diplomáticas con Checoslovaquia, Yugoslavia y la Unión Soviética. La medida, junto con la proscripción de los comunistas, marca su alineamiento gobierno con la política norteamericana. Ha comenzado la llamada Guerra Fría, que enfrenta a las naciones capitalistas de Occidente con el naciente conglomerado de países socialistas.

ducen escenas de histeria colectiva a su llegada a la Estación Mapocho de Santiago, donde se han concentrado varios miles de personas.

1947 Ester Huneeus de Claro (1902-1985) publica con el seudónimo de Marcela Paz la primera edición de *Papelucho,* el más célebre de los personajes infantiles de la literatura chilena. La docena de volúmenes escritos con sus travesuras se siguen publicando cincuenta años después, mostrando una singular vigencia.

Nacen la Editorial Jurídica de Chile, que generará años después a la Editorial Andrés Bello, y la Editorial Universitaria, que de cooperativa de apuntes pasa a ser una importante sociedad editora de propiedad de la Universidad de Chile.

El Premio Nacional de Literatura es otorgado a Samuel Lillo (1870-1958), poeta, hermano del cuentista Baldomero Lillo.

El nombre Pablo Neruda pasa a ser, por decisión judicial, el nombre legal definitivo del poeta.

Se funda en la isla Greenwich, del grupo de las Shetland del Sur, la base Arturo Prat en la Antártida chilena, poniéndola a cargo de la Armada Nacional. Un avión Vought- Sikorski llamado "Kingfisher", trasladado en barco a la zona, es la primera aeronave sudamericana que sobrevuela el territorio antártico.

Se promulga la ley que crea oficialmente la Universidad Técnica del Estado, UTE, fusionando diversas entidades docentes: la Escuela de Artes y Oficios, la Escuela de Ingenieros Industriales, el Instituto Pedagógico Técnico.

En la viña Concha y Toro, comuna de Pirque, nace el primer sindicato agrícola fundado en el país.

La inauguración del Liceo Experimental Darío Salas incorpora a la enseñanza secundaria una modalidad pedagógica innovadora: la coeducación.

Inicia su recorrido en Santiago la primera línea de trolley- buses, que une el Parque Forestal con el barrio El Golf, en Providencia. En los años siguientes la red se extiende por la ciudad, pero el servicio cesa en 1978.

Abre sus puertas "Il Bosco", bar restaurant situado en la Alameda frente a la iglesia de San Francisco. Durante 36 años será el punto de encuentro nocturno privilegiado de periodistas, poetas y noctámbulos empedernidos.

El pintor Pedro Reszka recibe el Premio Nacional de Arte.

En enero, la revista *Ercilla* aparece encabezando una campaña de denuncia de la mala administración de Chile Films, que intenta sin éxito levantar cabeza con *La dama de las camelias* una parodia bufa de la novela de Dumas (hijo), y reincide con la idea de la "superproducción" con *El último guapo,* dirigida por el argentino Mario Lugones y argumento basado en una obra del español Carlos Arniches.

Inspirada lejanamente en *Recuerdos del pasado* de Vicente Pérez Rosales y con guión de Francisco Coloane, José Bohr rueda *Si mis campos hablaran.*

Los films del año son, según *Ecran*, las inglesas *Lo que no fue*, con Celia Johnson y *Larga es la noche*, protagonizada por James Mason, y la norteamericana *La aventurera*, con Deborah Kerr.

Aparece la revista semanal *Pro Arte*, dirigida por Enrique Bello. Se publicará hasta 1956.

1948 Se dicta la llamada Ley de Defensa Permanente de la Democracia –llamada por sus enemigos "Ley maldita" –que proscribe al Partido Comunista, cuyos militantes son expulsados de la administración pública. De los registros electorales son eliminados 23 mil nombres, por su

1948 Perseguido y obligado a partir al exilio, Neruda no perdonará a González Videla. Escribirá numerosos versos en contra suya, tal vez de no mucha altura poética pero no por ello menos lapidarios. En el *Canto General* lo llama "vicioso traidor", o "rata que sacude / su pelambrera llesupuesta militancia comunista, y al amparo de la nueva legislación se inicia una implacable *razzia* político-policial, que culmina con la apertura del campo de concentración de Pisagua.

Pablo Neruda pronuncia en el Senado su discurso "Yo acuso" de denuncia de la represión política practicada por el gobierno, y éste, como réplica, obtiene su desafuero como parlamentario y ordena su detención. *El Imparcial* informa en su primera página: "Se busca a Neruda en todo el país (...) Será premiado el personal de Investigaciones que dé con su paradero". El poeta atraviesa clandestinamente la cordillera en dirección a Argentina, y viaja enseguida a Europa, donde vivirá varios años de exilio.

A instancias del Padre Hurtado se funda la ASICH (Acción Sindical Chilena), que juega un papel de cierta significación en la organización sindical del campesinado.

El Presidente González Videla viaja a la Antártica, donde funda la base General Bernardo O'Higgins.

Se inaugura El Abanico, una de las grandes plantas del sistema hidroeléctrico nacional, que cubrirá las necesidades de energía eléctrica de la zona agrícola de Parral a Victoria, y de las ciudades de Concepción, Talcahuano, Chillán y Los Angeles.

na de estiércol y de sangre / sobre la tierra mía que vendió".

Muere en Cartagena el poeta Vicente Huidobro (1893-1948), donde reposan sus restos. Autor de una extensa obra – *Altazor, Horizon carré, Temblor de cielo, Ecuatorial, Mío Cid Campeador, Cagliostro, Sátiro o el poder de las palabras*, etc.– hay consenso en considerarlo como uno de los grandes nombres de la poesía chilena. Según Eduardo Anguita "fue una especie de escándalo en un mundo donde dominaba 'el peso de la noche'. Iluminó con inteligencia y audacia la palabra y el pensamiento de este pueblo".

El poeta Angel Cruchaga Santa María (1893-1964) recibe el Premio Nacional de Literatura. Es autor, entre otras obras, de *Las manos juntas, Paso de sombra, Los mástiles de oro.*

Se publica *La miseria del hombre*, de Gonzalo Rojas, que inicia con este libro su notable trayectoria poética.

Aparece *Fisonomía histórica de Chile*, de Jaime Eyzaguirre.

Entra en actividades la llamada Comisión Pro Defensa del Cine Chileno, que tiene como meta: luchar por facilidades para la producción de películas nacionales.

El Premio Nacional de Arte es otorgado al músico Enrique Soro (1884-1954), autor de una muy extensa obra, y cuya labor ejerció una influencia decisiva en el desarrollo de la música en Chile.

Se organiza en la Escuela de Bellas Artes el llamado Grupo de Estudiantes Plásticos, formado por algunos de los que serán luego exponentes claves de la plástica chilena: José Balmes, Gracia Barrios, Guillermo Núñez, Roser Bru, Eduardo Bonati y otros.

1949 En el mes de agosto se producen violentas manifestaciones callejeras, conocidas como "revolución de la chaucha". Lo que empieza como una sucesión de desfiles estudiantiles contra el alza de tarifas del transporte público, adquiere pronto grandes proporciones. Hay muertos y heridos en las calles, el gobierno cede en las peticiones y reorganiza su gabinete ministerial. Una de sus consecuencias es la creación, vigente hasta hoy, de la tarifa para escolares en la movilización colectiva.

Manifestaciones públicas de repudio produce también la tentativa del gobierno de firmar con Estados Unidos un Pacto de ayuda militar.

Se promulga la Ley que concede a la mujer la plenitud del derecho al sufragio, permitiéndole participar en las elecciones parlamentarias y presidenciales.

En Punta Arenas se produce un terremoto de 7,5 grados de intensidad. A pesar de la intensidad del sismo, la ciudad no sufre consecuencias mayores ni hay pérdidas humanas que lamentar.

El buque barreminas argentino "Fournier" naufraga en los canales australes, tras haber cruzado el Estrecho de Magallanes. Mueren sus 73 tripulantes.

El oficial de Ejército Alberto Larraguibel bate el récord mundial de salto ecuestre en altura. Con su caballo "Huaso" pasa la barrera a los 2,47 mts.

1949 El poeta y novelista Pedro Prado (1886-1952) recibe el Premio Nacional de Literatura. Fue uno de los fundadores del grupo denominado Los Diez, que congregaba en las primeras décadas del siglo a escritores, pintores y músicos. Publicó, entre otras obras, *El llamado del mundo*, *la reina de Rapa Nui*, y la novela *Alsino*, su obra más difundida.

Aparece la novela *Frontera*, considerada la obra más importante de Luis Durand.

En la revista *Okey* nace "Condorito", popular personaje de historieta cómica. Su creador fue el dibujante René Ríos, "Pepo". Nacido, según algunos, como reacción a la imagen que ofrecía de Chile Walt Disney en "Saludos, amigos", un corto de dibujos animados, revelará una vitalidad poco común en el género. A fines del siglo se publica todavía con regularidad una revista que lleva su nombre y que está íntegramente dedicada al personaje.

Rafael Frontaura es galardonado con el Premio Nacional de Teatro.

Nace el Teatro Mímico. Fundado por Alejandro Jodorowsky, introduce en Chile un arte escénico cuyo referente mundial es el mimo francés Marcel Marceau.

La pianista chilena Rosita Renard culmina su carrera ofreciendo un concierto en el Carnegie Hall de Nueva York. Fallece poco después.

Visita Chile el pianista Gyorgy Sandor, discípulo de Bela Bartok. Viene también al país, a dirigir la Sinfónica, el maestro Herbert von Karajan.

Esperanza, film realizado por argentinos, marca el derrumbe definitivo del proyecto cinematográfico que representaba Chile Films. Tras cinco años de gestión desastrosa, la CORFO ordena el desmantelamiento de la empresa. En su *Historia del cine chileno*, Carlos Ossa Coo comenta: "Chile films se desplomó sin pena ni gloria. Había cumplido, en cinco años de producción, un ciclo de extensas calamidades". "El país no estaba preparado para montar una real industria nacional del cine –dice Jacqueline Mouesca– ... Faltaba claridad en cuanto al propósito cultural: *qué cine* era el que Chile necesitaba y *de qué modo* implementarlo".

La crítica opina: la mejor película del año, la italiana *Lustrabotas*, de Vittorio De Sica.

Conciertos populares para obreros, con la Orquesta Sinfónica de Chile, organiza el Instituto de Extensión de la Universidad de Chile.

1950-1959

En 1957 se funda el Partido Demócrata Cristiano. Será la agrupación política hegemónica durante largo período. Tres presidentes de la República saldrán de sus filas, dos de ellos en la foto: Eduardo F Montalva y Patricio Aylwin.

Foto gentileza de Fundación Frei.

Política, sociedad

1950 Muere Arturo Alessandri Palma (1868-1950), presidente de la República en dos ocasiones (de 1920 a 1925 y de 1932 a 1938), uno de los políticos chilenos más influyentes del siglo. Calificado por el historiador Ricardo Donoso como "agitador y demoledor", su gestión marcó profundamente la vida pública del país. Es fundador de una verdadera dinastía política, cuya proyección se mantiene hasta nuestros días.

Se crea en junio la Empresa Nacional de Petróleo, ENAP, que tendrá el monopolio de la explotación petrolífera del país. Cinco meses después, se pone en marcha la planta Siderúrgica de Huachipato, cerca de Concepción, a cargo de cuyo funcionamiento está la Compañía de Acero del Pacífico.

Aparece *La Tercera de La Hora*, tras lo cual deja de publicarse el cotidiano *La Hora*, que le ha dado origen, aunque el nuevo diario cultivará una línea periodística muy diferente.

En la zona de la Araucanía se funda el Parque Nacional Conguillío, que reúne una de las mayores concentraciones de araucarias del país.

Cultura, espectáculos

1950 Se publica una edición clandestina del *Canto General* de Pablo Neruda. Tiene un pie de imprenta fechado en México, aunque en verdad la obra fue impresa en Santiago. Está ilustrada con grabados del pintor José Venturelli y firma el prólogo Galo González, secretario general del Partido Comunista.

Aparece en forma póstuma *Llampo de sangre*, novela de tema minero, del poeta y novelista Oscar Castro (1910-1947) .

Se publica la novela *Jemmy Button*, de Benjamín Subercasesux, novela-ensayo que recrea la vida del fueguino que Darwin llevó a Inglaterra para incorporarlo a la civilización.

José Santos González Vera (1897-1970) obtiene el Premio Nacional de Literatura, por una obra breve pero de notables calidades de estilo y de recreación de supuestas "vidas mínimas". Publicó *Albué, Eutrapelia, Algunos, La copia y otros originales* y otros títulos.

Muere el poeta Jorge González Bastías (1879-1950). En la zona del Maule hay un pueblo que lleva su nombre, hecho sin paralelo en nuestra historia literaria.

Se consolidan los primeros conjuntos nacionales de jazz: Plaza de Armas Hot Siete, Santiago Stompers y otros.

Miguel Frank dirige *Río abajo*, basado en un cuento de Mariano Latorre. La literatura chilena inspira también la película *La hechizada,* basada en la novela homónima de Fernando Santiván.

1951 Se funda la Confederación Nacional de Trabajadores del Cobre.

Inés Enríquez es la primera mujer elegida diputada. Representa en el Congreso a la provincia de Concepción.

Un avión de la FACH, el anfibio Catalina llamado "Manu Tara", ("Pájaro de la suerte" en pascuence) realiza el primer vuelo sin escalas entre el continente y la isla de Pascua. Lo tri-

También tiene un origen literario el film de tema militar *El último galope*, inspirado en cuentos de Olegario Lazo.

Las películas más taquilleras del año: la norteamericana *Juana de Arco*, con Ingrid Bergman; la inglesa *Las zapatillas rojas*, y la francesa *Manon*. Las mejores, según la crítica: la inglesa *Cuarteto*, la italiana *Ladrón de bicicletas*, y *Las zapatillas rojas*.

El acuerdo de la Censura de prohibir la exhibición el film francés *La ronda* desata una tormenta de protestas. El ministerio del Interior interviene y levanta la sanción. Durante semanas se forman largas colas en las boleterías del cine Bandera, que la exhibe.

En *Ecran* se anuncia que se ha postergado la idea de fundar en Reñaca la "Ciudad del Cine".

El periodista Tito Mundt califica al cine chileno de "niño prodigio al revés" y agrega que es como la cucaracha, porque después de 40 años, "no puede caminar".

El Premio Nacional de Arte recae en el pintor Camilo Mori.

En el Museo de Bellas Artes se realiza una importante exposición de pintura francesa contemporánea: "De Manet a nuestros días".

1951 Se publica *Hijo de ladrón*, de Manuel Rojas, novela de "auténtica universalidad" que "implica una modificación radical de cuanto se había conocido antes en nuestra tradición y una revelación extremadamente significativa de las posibilidades de un nuevo tipo de novela" (C.Goic).

Aparecen *El purgatorio*, de Gonzalo Drago (1906-1994), relato clásico sobre el servipulaban el capitán Roberto Parragué y el comandante Horacio Barrientos.

Aparece el número 1 de *Mensaje*, revista de ideas publicada por la Compañía de Jesús y dirigida por el padre Alberto Hurtado.

En medio de cierta expectación se presenta en una vitrina céntrica santiaguina el fakir Chasamán, quien ayunará durante semanas encerrado en una urna de cristal con media docena de serpientes.

cio militar, y *Cuando era muchacho*, memorias de José Santos González Vera.

El Premio Nacional de Literatura se le otorga a Gabriela Mistral. Reconocimiento tardío, la consagración internacional había venido seis años antes con el Premio Nobel.

El mambo en la cima de su popularidad: la Tongolele y las Dolly Sisters lo bailan diariamente en el teatro Opera.

El popular programa radial *Hogar, dulce hogar*, de Eduardo de Calixto, se presenta en las tablas en el teatro Libertad, con la compañía Carrusel del Aire.

Los mimos de Alejandro Jodorowski presentan en el Municipal *El buey sobre el techo*, de Jean Cocteau.

El Premio Nacional de Arte recae en el músico Domingo Santa Cruz (1899-1981).

El umbral del sueño, de Malucha Solari y Juan Orrego Salas, es el primer ballet con argumento y coreografía, música y escenografía creado por artistas nacionales.

El cineasta francés Pierre Chenal dirige *El idolo*, con guión de Reinaldo Lomboy y música de Acario Cotapos. La película se hace en reemplazo de *Ránquil*, basada en la novela del mismo nombre, desechada por considerarse que el argumento es ofensivo para el Cuerpo de Carabineros.

"¿Hay algún film que muestre los verdes horizontes del Santa Lucía, o las calles de Santiago... que evoque a los organilleros de los húmedos cerros de Valparaíso..., o que cuente la leyenda de la 'Piedra de la Iglesia' de las bellísimas playas de Constitución?" (Marco Aurelio, en la revista *Ecran*).

1952 Se realizan la elecciones presidenciales y obtiene la primera mayoría el general (R) Carlos Ibáñez del Campo, a quien apoya un conglomerado de partidos integrado por los Agrario Laboristas, los Socialistas Populares y el Partido Femenino Chileno, entre otros.
Esta elección muestra dos particularidades: es la primera vez en que la mujer participa en un evento presidencial, y es asimismo la primera vez en que postula a la presidencia Salvador Allende, quien en esta oportunidad obtiene apenas un cinco por ciento de la votación.

Perú, Ecuador y Chile convienen en extender la soberanía del mar en 200 millas a partir de sus respectivas costas, tesis cuya aceptación se ha generalizado hoy en casi todos los países del mundo.

Se ponen en marcha varias empresas importantes: la Industria Azucarera Nacional, IANSA; Madeco, que se concentrará en la elaboración del cobre; y la Fundición de Paipote, que permitirá refinar en el país cobre y oro, minerales que hasta ese momento se exportan únicamente en bruto. Se funda también la Empresa Nacional de Transportes Colectivos del Estado, ETC, que cuenta con un parque de 477 vehículos, incluyendo buses, tranvías y trolebuses.

Se funda el Servicio Nacional de Salud.

Fallece Alberto Hurtado Cruchaga (1901-1952), sacerdote jesuita, fundador del Hogar de Cristo y de la Acción Sindical Chilena, Asich, y animador de iniciativas y campañas en favor de las clases desposeídas.

Aterriza por primera vez un Puerto Montt un avión de la Línea Aérea Nacional, en vuelo regular con escalas en Concepción y Valdivia.

1952 Aparece en Buenos Aires, con autor anónimo, el libro *Los versos del capitán*. Pablo Neruda dedicaba estos poemas a Rosario de la Cerda, nombre que ocultaba el de Matilde Urrutia, con la que mantenía una relación amorosa todavía secreta.

Luis Enrique Délano (1907-1985) publica la novela *Puerto de fuego*. Es autor de una abundante obra narrativa: *Viejos relatos*, *La base, Viento del rencor,* etc., y varios libros de crónicas: *Sobre todo Madrid, Las veladas del exilio*, y otros.

Aparece *Hijo del salitre*, novela de Volodia Teitelboim (1914), inspirada en la vida del dirigente comunista Elías Lafertte.

El Premio Nacional de Literatura se otorga a Fernando Santiván (1886-1973), autor de *Memorias de un tolstoyano*, *Confesiones de Santiván,* las novelas *La hechizada* y *El mulato Riquelme,* y otras obras.

Muere Pedro Prado (1886-1952), poeta y novelista, autor del célebre *Alsino*, el niño campesino que quería volar.

La mejor película extranjera, según la crítica: la norteamericana *Un tranvía llamado deseo*, de Elia Kazán.

Dos luminarias del cine internacional visitan el país: la imponente belleza mexicana María Félix y el norteamericano John Wayne. Este último llega a Chile el 20 de agosto, día del nacimiento de O'Higgins. Como los periodistas tocan el tema, el actor comenta: "Por mi físico jamás podría interpretar a un latino, pero sí a un hombre como O'Higgins, con ascendencia irlandesa como la mía".

El Teatro Experimental presenta la obra clá-

El Censo Nacional indica que el país tiene en ese momento una población que alcanza a 5.932.995 habitantes. Santiago está poblado por 1.350.409 ciudadanos, y le siguen, en orden de importancia: Valparaíso, 218.829; Concepción, 120.099; Viña del Mar, 85.281; Antofagasta, 62.272, y Chillán, 52.576 habitantes.

1953 En el mes de febrero se organiza la Central Unica de Trabajadores, CUT, a cuyo congreso constituyente concurren más de dos mil 300 delegados en representación de 952 organismos sindicales. Clotario Blest es elegido su primer presidente. Jugará un papel esencial en la organización y luchas de obreros y empleados durante veinte años, hasta setiembre de 1973, en que es disuelta por orden de la Junta Militar.

Visita Chile el presidente de Argentina, Juan Domingo Perón.

María de la Cruz es la primera mujer que llega al Senado de la República. Líder del Partido Femenino Chileno, cuya participación fuera decisiva en la elección del Presidente Carlos Ibáñez, será desaforada tras siete meses de mandato por una turbia negociación con relojes y otros productos de importación restringida.

Se crean nuevas reparticiones públicas, entre ellas, el Ministerio de Minería, la Corpo-

sica de Lope de Vega *Fuenteovejuna*, uno de los montajes más importantes en su historia. Dirección de Pedro Orthous.

Parte en gira latinoamericana Lucho Gatica, iniciando una carrera internacional que lo convertirá en uno de los más célebres intérpretes del bolero.

En el Burlesque, uno de los epicentros del bataclán santiaguino, Rita Montalbán se consagra como "Reina de la Guaracha".

El Premio Nacional de Arte lo recibe el actor y director teatral Pedro de la Barra, a quien se debe la fundación del Teatro Experimental de la Universidad de Chile.

1953 Daniel de la Vega (1892-1971), poeta, periodista y dramaturgo, recibe el Premio Nacional de Literatura. En virtud de sus funciones múltiples, obtuvo también el Premio Nacional de Teatro en 1961 y el Premio Nacional de Periodismo en 1962.

El concurso de Novela de la Editorial Nascimento lo gana el escritor debutante Carlos Droguett, con *Sesenta muertos en la escalera,* que recrea la matanza del Seguro Obrero.

Se publica *Fontana cándida,* que recoge lo mejor de la producción poética de Diego Dublé Urrutia (1877-1967). Todos los escolares chilenos han memorizado alguna vez su poema "En el fondo del lago".

Se realiza en Santiago el Congreso Continental de la Cultura, que congrega en Santiago a un conjunto de brillantes escritores y artistas latinoamericanos: Jorge Amado, Nicolás Guillén, Diego Rivera, René Depestre, Héctor Agosti, María Rosa Oliver, Leonidas Barletta y muchos más. Convocado, entre otros, por

Política, sociedad

ración de la Vivienda, Corvi, la Superintendencia de Educación, la Superintendencia de Seguridad Social, la Dirección de Asuntos Indígenas. Se funda, además, el Banco del Estado, en el que se fusionan la antigua Caja Nacional de Ahorros, las Cajas de Crédito Hipotecario y de Crédito Agrario y el Instituto de Crédito Industrial.

Entra en funciones el Consejo de Rectores de las universidades chilenas, cuya misión es coordinar la labor de los centros de enseñanza superior del país.

En la Universidad de Chile se inaugura la primera Escuela de Periodismo que haya funcionado en el país. Pronto seguirán el ejemplo las universidades Católica y de Concepción.

Se funda en la provincia de Magallanes, Puerto Williams, la ciudad más austral del mundo.

Fallece a los 88 años Ernestina Pérez, quien en 1884 obtuviera el título de médico, siendo la primera mujer que lo logró en el país.

Vuela por primera vez en el país un helicóptero, que acaba de ser adquirido por la Fuerza Aérea de Chile.

Mueren 41 bomberos en un incendio y sucesivas explosiones de dinamita que se producen en Valparaíso en una barraca y un depósito de la Dirección de Caminos.

La Radio Minería realiza en la calle Matías Cousiño la primera demostración pública de televisión. En la Biblioteca Poinsett, por otra parte, se efectúa la Primera Semana de Televisión.

1954 En el mes de mayo, la CUT organiza una huelga general en cuya plataforma se inscriben no sólo reivindica-

Cultura, espectáculos

Gabriela Mistral, que no puede concurrir, el gran animador presente será Pablo Neruda.

Debuta en la Radio Chilena la folklorista Violeta Parra.

Inicia su actividad la popular orquesta Huambaly, que combinaba en sus interpretaciones, temas jazzísticos, boleros y chachachás.

Roberto Matta visita Chile y diseña el vestuario de *Noche de Reyes,* que presenta el Teatro Experimental. La revista *Ecran* informa del hecho y habla del "discutido pintor chileno".

El Ballet Nacional presenta, con la Orquesta Sinfónica y el Coro de la Universidad de Chile, el ballet-oratorio *Carmina Burana*, de Carl Orff, dirigido por Ernst Uthoff.

En la Universidad Católica se funda la Academia de Cine y Foto.

La mejor película extranjera según los críticos: *Juegos prohibidos*, francesa, de René Clément.

1954 *Las uvas y el viento* marca un nuevo viraje en la poesía de Pablo Neruda. Define su nueva línea con las si-

*Fué la segunda la 1ra: DRA Eloísa Díaz

ciones sociales, como mejoras salariales y estabilidad en el empleo, sino también políticas, como la exigencia de que sea derogada la Ley de Defensa de la Democracia.

Inicia sus actividades la refinería de Concón, dependiente de la Empresa Nacional de Petróleos de Chile, ENAP. Se inaugura, además, en Los Angeles, la primera planta de IANSA, industria refinadora de azúcar de remolacha.

Un avión LAN une en vuelo sin escalas las ciudades de Arica y Punta Arenas, distantes entre sí 5.250 kilómetros.

En la ciudad de Valdivia se funda la Universidad Austral de Chile, que comenzará sus actividades en el año siguiente.

En su visita al país, el presidente argentino, Juan Domingo Perón, trae una cincuentena de aparatos de televisión. Se instalan en diversos puntos del centro de Santiago para dar oportunidad a la población de seguir los actos y ceremonias de sus encuentros con el general Ibáñez.

Inicia se publicación el diario *Clarín*, dirigido por Darío Saint-Marie. Encarna como ningún otro en el periodismo nacional, el prototipo de prensa populista. Fue clausurado por la Junta Militar en septiembre del 73.

guientes palabras: "El poeta de hoy sigue siendo el del más antiguo sacerdocio. Antes pactó con las tinieblas y ahora debe interpretar la luz".

Muere el escritor Luis Durand (1895-1954), uno de los nombres principales de la corriente criollista. Fuera de una extensa labor periodística, destacó como cuentista y novelista. Es autor de numerosos libros, entre ellos, *Tierra de pellines*, *Campesinos*, *Mercedes Urízar, Alma y cuerpo de Chile*, *Cielos del sur, Mi amigo Pidén*, *Frontera*.

Regresa a Chile Gabriela Mistral invitada por el gobierno de Ibáñez, tras dieciseis años de ausencia. Erróneamente informada, celebra públicamente que se esté llevando a cabo la Reforma Agraria, que las autoridades, ciertamente, ni siquiera han imaginado proponer.

Con motivo de la visita a Chile de la Mistral, se publica su libro de poemas *Lagar.*

El crítico Hernán Díaz Arrieta (Alone) publica su polémica *Historia personal de la literatura chilena.*

La *Antología del nuevo cuento chileno*, compilada por Enrique Lafourcade, marca el advenimiento de la que se llamó, a partir de entonces, "Generación del 50". Esta nueva promoción de narradores chilenos –entre los que se cuentan el propio Lafourcade, José Donoso, Jorge Edwards, Enrique Lihn, María Elena Gertner, Claudio Giaconi, Margarita Aguirre, Guillermo Blanco, José Manuel Vergara, Jaime Laso, Armando Cassigoli y otros– declara su ruptura definitiva con el criollismo y con el realismo social y reclama una apertura a los temas universales.

Se publica *Poemas y antipoemas*, de Nicanor

Parra. Inaugura la corriente denominada "antipoesía", que ejercerá una poderosa influencia en los poetas chilenos y latinoamericanos, rebelándose contra la grandilocuencia y el exceso de solemnidad de la poesía de su tiempo.

Víctor Domingo Silva (1882-1960) recibe el Premio Nacional de Literatura. Poeta, dramaturgo y novelista, gozó de gran popularidad en las décadas del 20 y el 30. Es autor, entre otras obras, de *Golondrina de Invierno* (1912), *El mestizo Alejo* (1934) y varios volúmenes de poesía.

La película *Confesión al amanecer*, dirigida por Pierre Chenal, es el primer film nacional que incorpora música incidental especialmente compuesta para la ocasión. Sus autores: Alfonso Letelier, Acario Cotapos y Juan Orrego Salas.

El argentino Enrique Vico realiza una película basada en la novela *Llampo de Sangre* de Oscar Castro.

La productora Emelco lanza el noticiario del mismo nombre, dedicado a la actualidad nacional, que se proyectará en nuestras salas durante varios años.

El teatro Bandera, donde actuaba la compañía de comedias de Lucho Córdoba, pasa a ser sala de cine dedicada a los films europeos.

Visita Chile la estrella hollywoodense Ava Gardner. *Ecran* comenta: "Su aparición fue electrizante, hombres y mujeres perdieron la compostura".

Se inauguran en Santiago dos importantes salas: el teatro Antonio Varas, donde funcionará el Teatro Experimental de la Universidad de Chile, y el teatro de la Sociedad de Autores Teatrales de Chile, que años después se llamará "Carlos Cariola".

Pese a las advertencias y protestas del Cardenal José María Caro, se presenta en Chile, en el teatro Victoria, la compañía de revistas francesas del Folies Bergère.

En el mes de abril se estrena en el Teatro Maru la obra *Crimen perfecto* del norteamericano Frederick Knott. Se mantiene en cartelera en forma ininterrumpida hasta septiembre del año siguiente, convirtiéndose en la pieza teatral que más representaciones ha tenido en nuestro país.

Recibe el Premio Nacional de Arte el músico Próspero Bisquertt (1881-1959), autor de *Sayeda*, una de las pocas óperas nacionales.

1955 Se denuncia la existencia de la llamada "Línea Recta", movimiento surgido en el interior del Ejército para presionar a Carlos Ibáñez del Campo y convencerlo de declararse dictador.

Fracasan los intentos del gobierno por crear una organización sindical paralela a la CUT. Ésta, entretanto, organiza su segunda huelga general paralizando totalmente la ciudad de Santiago.

La inflación, que ha ido agravándose en los años anteriores, acompañando como cáncer maligno el desarrollo económico nacional, alcanza su punto más alto: la variación del Indice de los Precios al Consumidor llega en el año al 83 por ciento.

Se dicta la llamada "Ley del Nuevo Trato", que fija la participación fiscal en las entradas que produce el cobre. Se crea, para regular el nuevo cuadro de relaciones con las

1955 Recibe el Premio Nacional de Literatura Francisco Antonio Encina (1874-1965), lo que origina ardorosas polémicas. Autor de una extensa e importante labor como historiador, se cuestiona la legitimidad de otorgarle un premio en un área –la literaria– en la que carece de antecedentes. Su obra principal es su *Historia de Chile (Desde la prehistoria hasta 1891)*, publicada en veinte volúmenes entre los años 1940 y 1952. Es autor también del ensayo *Nuestra inferioridad económica* y de una biografía de Portales, entre otras obras.

Se publican *La difícil juventud*, colección de cuentos de Claudio Giaconi, libro emblemático de la Generación de escritores del 50, y la novela *El tiempo banal*, de Guillermo Atías.

Aparece *Adiós al séptimo de línea*, de Jorge Inostroza (1919-1975) novela histórica en que se reviven alternativas de la Guerra del empresas cupríferas, el Departamento del Cobre, y nace, paralelamente, la Confederación de Trabajadores del Cobre.

En el mes de agosto se inaugura la planta hidroeléctrica Los Cipreses y en noviembre la Planta Refinadora de Petróleo de Concón.

Pacífico. Fue originalmente un folletín radial. Este año se publica el primer tomo, y en los años siguientes se completan los cinco volúmenes de que consta la obra. Es uno de los títulos más vendidos en la historia del libro en Chile.
Pablo de Rokha publica *Neruda y yo* en que califica al poeta de plagiario, oportunista y "burgués decadente emboscado en las filas de la izquierda". Neruda le devolvió con frecuencia los ataques y ni siquiera con la muerte del primero cesó su rencor.

En los salones del Hotel Crillón, la escritora María Carolina Geel mata de un disparo a su compañero sentimental.

En la Universidad Católica, un grupo de intérpretes y directores del Teatro de Ensayo, abandona la institución y se constituye como entidad independiente, dando nacimiento al Ictus, la agrupación teatral independiente de más larga trayectoria en nuestro medio.

Pedro Chaskel funda el Cine Club de la Universidad de Chile, que entre otras actividades, publica la revista *Séptimo Arte.* En la Universidad Católica, en tanto, se forma el Instituto Fílmico, dirigido por el sacerdote Rafael Sánchez.

El cineasta Tito Davison viaja a Chile para filmar *Cabo de hornos*, inspirado en los cuentos de Francisco Coloane. Por las mismas fechas, el realizador Emilio Fernández rueda en México una película inspirada también en una obra de Coloane: *La Tierra del Fuego se apaga*, su única pieza teatral.

Según los críticos, la mejor película del año es la norteamericana *Semilla de maldad*, de Richard Brooks.

1956 Se funda el Frente de Acción Popular, Frap, con base en una alianza entre comunistas y socialistas. El acercamiento entre ambos conglomerados se ha visto favorecido por el creciente desplazamiento de Ibáñez –a quien inicialmente apoyaban los socialistas– hacia la derecha.

Se crea el Consejo de Defensa del Estado.

Muere Claudio Matte (1852- 1956), educador, autor del Silabario Matte, con el que se calcula que aprendieron a leer unos veinte millones de chilenos.

Segunda medalla de plata para Chile en la historia de los Juegos Olímpicos. En Melbourne, la atleta Marlene Ahrens remata segunda en el lanzamiento de la jabalina. Tres meses antes, la selección femenina de básquetbol gana el Campeonato Sudamericano celebrado en Quito, Ecuador.

Un grupo compuesto por cerca de 30 hombres, entre civiles y militares, alcanza por primera vez la cumbre del cerro Ojos del Salado, ubicado en el norte del país.

Se funda la Orquesta Filarmónica de Chile.

Ramón Vergara Grez organiza el grupo Rectángulo, más tarde denominado Forma y Espacio, que reúne a pintores que cultivan el arte abstracto.

1956 Pablo Neruda publica *Odas elementales*. En su poesía se ha producido un nuevo vuelco. "Desfilan en estos textos objetos, utensilios, árboles, alimentos, personajes", "el inventario del mundo personal" del poeta, "una versión del viejo proyecto de una *poesía sin pureza*" (H. Loyola).

Aparece *Tierra del Fuegos*, de Francisco Coloane, que contiene "Témpano sumergido", "De cómo murió el chilote Otey", y algunos de sus mejores cuentos.

Edgardo Garrido Merino publica en España una de sus últimas obras, *Perfil de Chile*.

El diputado Raúl Morales Adriazola presenta en la Cámara un proyecto de ley de fomento de la cinematografía nacional.

En el cine Central se exhibe una película mexicana sobre la Quintrala. Joaquín Edwards Bello escribe: "¿Tiene esta Quintrala un asomo de realidad histórica? Ninguno. Produce risa ver esos individuos vestidos de mosqueteros en una linda plaza de exposición española. No eran así las personas ni las casas. Mucho menos la Quintrala".

Daniel Urria escribe en *Séptimo Arte*: "Una cinemateca, un vacío que debe ser llenado".

"Creo que el cine es el acontecimiento de mayor bulto que ha venido a llamar a las puertas de las escuelas, colegios y universidades, pero sé también que la alarma del

Premio Nac Lit 1956 Max Jara Poeta

1957 Los días 2 y 3 de abril se viven en Santiago grandes manifestaciones de protesta por el alza de las tarifas de la locomoción colectiva, reviviendo las jornadas de agosto de 1949. Se producen violentas asonadas callejeras que son reprimidas primero por la policía, y ante su ineficacia, por tropas del Ejército. Hay un trágico balance de muertos y heridos.

En el mes de junio se fusionan la Falange Nacional y el Partido Conservador Social Cristiano, dando nacimiento al Partido Demócrata Cristiano, PDC. Al mes siguiente se produce otra reunificación política importante: la de los partidos Socialista Popular y Socialista de Chile, que tras casi una década de ruptura, vuelven a conformar una colectividad única del socialismo chileno.

Se realiza el Primer Congreso de la Central Unica de Trabajadores, CUT.

Llega al país la llamada Misión Klein Sacks, un equipo de expertos financieros norteamericanos contratados por el gobierno para

magisterio sigue creciendo por causa de que el cine y la recién nacida televisión no han vivido aún en anchura de tiempo, de lugares, de crítica..." (De "Imagen y palabra en la educación", artículo de Gabriela Mistral).

Muere Fray Pedro Subercaseaux (1881-1956), sacerdote benedictino y pintor célebre por sus cuadros dedicados a grandes temas de la historia de Chile.

Violeta Parra compone dos de sus más célebres canciones: "Volver a los diecisiete" y "Gracias a la vida".

El Premio Nacional de Arte se le otorga al pintor José Caracci.

1957 Muere en Nueva York Gabriela Mistral. Sus restos son trasladados a Chile dando lugar a una imponente demostración de duelo popular. De acuerdo a su voluntad, son sepultados en Monte Grande, en el Valle de Elqui. Ella "nos hizo sentir desde niños nuestro parentesco con tanta cosa de nuestra tierra que sin ella nos hubiera sido extraña" –dice Luis Oyarzún en su oración fúnebre–. Su grandeza la define el mexicano Alfonso Reyes: "Montañosa y profunda como los barrancos y las arrugas graníticas de los Andes".

Recados: Contando a Chile, recoge una cuarentena de artículos periodísticos de Gabriela Mistral. Es el primer tomo de textos en prosa de la poetisa, entre los muchos que en forma póstuma se publican a partir de entonces: *Prosa religiosa, Gabriela anda por el mundo, Materias, Grandeza de los oficios, Elogio de las cosas de la tierra, Italia caminada, Pasiones del vivir*, y una media docena de notables epistolarios, entre otros títulos.

Aparece *Coronación*, de José Donoso, su

asesorarlo en la reorganización de la economía nacional.

La Universidad Católica de Valparaíso realiza la primera transmisión pública de televisión realizada en Chile por una entidad local. Los espectadores pudieron verla en un aparato colocado en el hall principal del diario *La Unión* del puerto.

Una multitud compuesta por cerca de diez mil personas, ocupan ilegalmente terrenos de la Chacra La Reina de propiedad de la Corvi. Instalan allí un asentamiento y la bautizan como Población La Victoria.

Con la apertura en el curso de unos pocos meses de tres supermercados, se inaugura en Santiago esta moderna modalidad de comercialización de productos, principalmente alimenticios.

Se inaugura la presa de la laguna del Maule, la más grande del país.

primera novela, que obtiene un inmediato éxito de público y crítica.

Se publica la novela *Caballo de copas*, de Fernando Alegría (1918), uno de los más prolíficos autores nacionales. Autor de media docena de novelas *–Mañana los guerreros, El paso de los gansos, Coral de guerra*, entre las principales–, libros de cuentos y obras de crítica literaria: *Breve historia de la novela hispanoamericana, La poesía chilena. Orígenes y desarrollo, La literatura chilena del siglo XX*, etc.

El novelista Manuel Rojas (1896-1973) recibe el Premio Nacional de Literatura. Es autor de una extensa obra literaria, notables libros de cuentos como *Hombres del sur* (1926), *El delincuente* (1929), *El bonete maulino* (1943) y célebres novelas: *Hijo de ladrón* (1951), *Mejor que el vino* (1958), *Punta de rieles* (1960), *Sombras contra el muro* (1964) y *La oscura vida radiante* (1971), aparte de diversos ensayos y volúmenes de crónicas.

Nicomedes Guzmán recoge en *Autorretrato de Chile* una cincuentena de artículos, crónicas y narraciones dedicados a tipos humanos, paisajes, ciudades, costumbres y folklore nacionales.

Muere el músico Nicanor Molinare (1896-1957), uno de los más connotados "clásicos populares", autor de canciones muy difundidas en su tiempo: "Cura de mi pueblo", "Mantelito blanco", "Chiu chiu", "Cantarito de greda", etc.

En su visita al país festejan a Louis Armstrong con una velada de música criolla, con Raúl Gardy y los Hermanos Lagos, entre otros. El músico Vicente Bianchi había pedido poco antes la prohibición del *rock and roll* "porque enturbia la mentalidad de nuestra juventud" y "daña su sensibilidad artística, que bien podría utilizarse en mejores manifestaciones, como nuestra noble cueca, por ejemplo".

Auspiciado por la Secretaría General de la Universidad de Chile, Pedro Chaskel y Sergio Bravo fundan el Centro de Cine Experimental. Bravo realiza *Mimbre* dentro del marco del Centro.

Un nuevo realizador, Naum Kramarenko, presenta *Tres miradas a la calle,* trilogía que, según los críticos, es una "mirada neorrealista con algunos aciertos de fotografía".

1958 El sistema electoral se modifica introduciéndose una reforma fundamental con la creación de la Cédula Unica. El cambio permite obstaculizar el sistema de cohecho que fue durante décadas la forma de manipular de modo fraudulento las elecciones.

Con la derogación de la Ley de Defensa Permanente de la Democracia el Partido Comunista vuelve a la legalidad, restableciéndose a sus militantes la plenitud de sus derechos electorales.

En el mes de septiembre se realizan elecciones presidenciales. Triunfa Jorge Alessandri Rodríguez (31,6 por ciento de la votación), candidato de los partidos Liberal y Conservador, que encarnan a la derecha chilena, superando por estrecho margen a Salvador Allende (28,9 por ciento), postulado por los partidos de izquierda agrupados en el FRAP. En tercer lugar llega Eduardo Frei Montalva, de la Democracia Cristiana. Al no alcanzar el ganador la mayoría absoluta, es el Congreso Pleno quien ratifica a Alessandri como nuevo mandatario.

1958 El poeta Diego Dublé Urrutia (1877-1967) recibe el Premio Nacional de Literatura. Es autor de varios libros, pero se lo recuerda sobre todo por algunos poemas: "En el fondo del lago" y "Fontana cándida".

Pablo García (1919) publica el libro de cuentos *Los muchachos y el Bar Pompeya,* y el novelista y parlamentario Baltazar Castro (1919-1989), la novela *Mi camarada padre.*

Aparece *Antología del cuento moderno*, compilada por María Flora Yáñez (1901-1982), cuentista ella misma y autora de media docena de novelas.

Con los documentales *Trilla*, de Sergio Bravo, y *Andacollo*, de Jorge di Lauro, empieza a definirse en la producción de cortometrajes, según los críticos, una nueva línea de mayor calidad artística y más atenta a la identidad nacional.

Se estrena en el cine King *El último cuplé*, con la actriz y cantante española Sara Montiel. El film permanece trece meses en cartelera. Se sabe que había espectadores que concu-

Uno de los factores de la derrota de Salvador Allende fue la participación de una candidatura de corte populista: la del ex sacerdote católico Antonio Zamorano, llamado "el cura de Catapilco", por la localidad del Norte Chico donde había ejercido su magisterio. Apoyado financieramente por la derecha para mantener su postulación hasta el final, logró en los sectores populares una votación equivalente a la diferencia que le dio el triunfo a Alessandri.

Se inaugura en la comuna de Quinta Normal la Basílica de Lourdes, uno de los mayores templos católicos del país.

En el mes de junio cesan definitivamente de funcionar los Altos Hornos de Corral, poniendo fin a la historia de casi cincuenta años –con paréntesis por cese de faenas– de la que fuera la primera planta siderúrgica nacional.

Se funda el Colegio de Ingenieros.

En el mes de noviembre inaugura sus transmisiones el Canal de televisión de la Universidad de Chile.

rrían a verlo cinco veces en la semana, y se cuenta que uno de los más fieles en su seguimiento era el presidente Jorge Alessandri, de quien se afirma que lo vio 65 veces.

En el año llegan al país 120 películas extranjeras. La mejor, según la crítica: la inglesa *Ricardo III*, de Laurence Olivier.

El dramaturgo Egon Wolff gana el Concurso Nacional de Teatro con sus obras *Mansión de Lechuzas* y *Símbolo de miedo*. Es autor de una extensa producción: *La balsa de la medusa, Cicatrices, Parejas de trapo, Claroscuro* y otros títulos.

Visita Chile, ofreciendo tres conciertos, la Orquesta Filarmónica de Nueva York, que dirige Leonard Bernstein.

1959 Doce naciones, Chile entre ellas, firman un tratado sobre la soberanía del continente antártico, mediante el cual se acuerda destinar el territorio únicamente a fines pacíficos y de investigación científica.

Se establece por ley que la nueva unidad monetaria chilena será el escudo. La medida busca, sobre todo, tener efectos psicológicos, ya que al establecerse la paridad del escudo con el dólar muchos lo interpretan como un signo auspicioso en la salud económica del país.

En el mes de febrero dejan de circular en

1959 Enrique Lafourcade (1927) publica dos novelas: *Para subir al cielo* y *La fiesta del Rey Acab*. Inicia con ellas una dilatada carrera de novelista que comprende numerosos títulos: *Frecuencia modulada, Novela de Navidad, Invención a dos voces, Mano bendita, Palomita blanca, Las señales van hacia el sur*, *Cristianas viejas y limpias*, etc. Es uno de los más prolíficos escritores de la historia literaria chilena.

Se otorga el Premio Nacional de Literatura a Hernán Díaz Arrieta (1891-1984), quien con el seudónimo "Alone" ha ejercido una hegemonía virtualmente sin contrapeso en la crítica literaria a lo largo de medio siglo. Es

Santiago los últimos tranvías eléctricos de la antigua red existente, que mostraba ya desde principios de la década una franca decadencia.

Se inaugura el canal de televisión de la Universidad Católica de Chile, con sede en Santiago. Luego de la bendición se presentó el programa de divulgación científica "El hombre ante el universo" .

Se crea el Parque Nacional Torres del Paine, declarado por la Unesco, en 1978, Reserva Mundial de la Biósfera. Cubre una extensión de 181.000 hectáreas.

autor de varios libros, entre ellos, *Historia personal de la literatura chilena, Alberto Blest Gana, Los cuatro grandes de la literatura chilena.*

En un reportaje, el diario *La Nación* se pregunta: "¿Qué pasó con el libro chileno? ¿Por qué la industria editorial en Chile ha quedado tan por debajo de las de España, Argentina y México?".

El pintor Benito Rebolledo Correa recibe el Premio Nacional de Arte.

Se funda el Ballet de Arte Moderno.

El Teatro Experimental de la Universidad de Chile presenta *La ópera de tres centavos*, con puesta en escena de Eugenio Guzmán.

Nuevos documentales: de Jorge di Lauro y Nieves Yanko, *Artistas plásticos chilenos*, y de Sergio Bravo, *Casamiento de negros*, sobre las cerámicas de Quinchamalí, con música de Violeta Parra.

El nuevo Consejo de Censura Cinematográfica inicia sus labores prohibiendo la exhibición de *Sonrisas de una noche de verano*, de Bergman.

Visitan el país diversas estrellas internacionales del espectáculo: Alicia Alonso con el Ballet Nacional de Cuba; el pianista José Iturbi; el popular niño-cantante y actor Joselito, y la diva germano-norteamericana Marlene Dietrich, que canta y baila en el escenario del Teatro Central acompañada por un pequeño grupo de coristas del Bim Bam Bum.

En el año se exhiben 257 películas, de las cuales la revista *Ercilla* selecciona como "excelentes, muy buenas, buenas y recomendables" un total de 90 films. O sea, un 35% de cintas "dignas de verse", lo que representa un índice bastante positivo. La mejor, según sus críticos, *El que debe morir*, de Jules Dassin, basada en la novela de Nikos Kazantzaki *Cristo de nuevo crucificado.*

La película japonesa *El hombre del carrito*, con Toshiro Mifune, abre el Festival de Cine Japonés en el teatro Nilo y se mantiene en cartelera durante meses.

1960-1969

5 de febrero de 1967. Se suicida Violeta Parra. El país despierta a una realidad apenas intuida ha entonces: Con ella desaparecía una artista de talentos fuera de lo común, eximia compositora, intérp te musical, poeta, pintora, tapicera. Uno de los nombres excelsos de la cultura nacional.

Política, sociedad

1960 Muere Carlos Ibáñez del Campo (1877-1960), figura política dominante entre los años 20 y 50, dos veces presidente de la República y candidato eterno a cuanta elección presidencial o parlamentaria se presentaba. Denostado por algunos ("Había sido tan reacio al alfabeto y tan notoria su rudeza que sus compañeros de armas lo apodaron *par de botas*", cuenta Carlos Vicuña), y venerado por otros ("Era un hombre cuya sola presencia ejercía sobre los ánimos un saludable ascendiente", según René Montero), ha sido definido en lo esencial, como alguien de "una sola pasión, que lo absorbió por entero: *el poder*" (Gonzalo Vial).

En febrero se firma en Montevideo el tratado que crea la Asociación Latinoamericana de Libre Comercio, Alalc. Aparte de Chile, adhieren a él Argentina, Bolivia, Brasil, Colombia, Ecuador, México, Paraguay, Perú, Uruguay y Venezuela.

Se fundan la Empresa Nacional de Minería, Enami, y los Astilleros y Maestranzas de la Armada, Asmar.

Nace el Partido Democrático Nacional, Padena, tras la fusión de vestigios de los antiguos partidos agrario-laborista y democrático.

Se inaugura el canal 9, televisión de la Universidad de Chile. Su primera transmisión dura 100 minutos.

Los días 21 y 22 de mayo se registra un terremoto de gran violencia en la zona sur del país, en una zona que se extiende desde Concepción hasta la Península de Taitao. Alcan-

Cultura, espectáculos

1960 Se publica la novela *Eloy*, de Carlos Droguett, que tiene notable acogida crítica, nacional e internacional. "*Eloy* ha de ser una de las dos o tres mejores novelas sudamericanas de la década", dice *La Nación de Buenos Aires*.

El Premio Nacional de Literatura se le otorga al poeta Julio Barrenechea (1910-1979), autor de *Espejo del sueño*, *Rumor del mundo* y otras obras.

Se presenta la película *Recordando*, de Edmundo Urrutia, en que con fragmentos de films antiguos, principalmente noticiarios, se muestran 30 años de la historia de Chile.

En su visita al país, la actriz y cantante española Sara Montiel, cuya película *El último cuplé* ha batido récords de asistencia en Chile, es invitada por el presidente Jorge Alessandri a tomar té en su compañía.

Lola Flores llega al país, acompañada por Pedro Vargas y Lucho Gatica.

En la primera transmisión del canal 9 de TV de la Universidad de Chile, se presentaron los films *Santiago 1929*, de Edmundo Urrutia y *Van Gogh*, de Alan Resnais, y se realiza una tertulia con los escritores Manuel Rojas y Jorge Edwards. En el curso del año el Teatro Experimental presenta una teledramatización de *Llampo de sangre*, la novela de Oscar Castro.

En Chile se vive el auge en la exhibición de películas europeas. Los críticos hablan del "año de la *Dolce Vita* y de la llegada de la Nueva Ola francesa". El film de Fellini se estrena en seis salas con entradas vendidas una za 9,5 grados en la escala de Richter, uno de los índices más altos en la historia mundial. El epicentro se sitúa en Valdivia, ciudad que sufre enormes destrozos, y produce salidas de mar que destruyen pueblos costeros como Puerto Saavedra, Queule, Toltén, Corral y Carahue, cambiando la geografía de una vasta zona. Causa enormes destrozos y deja un saldo de más de diez mil muertos. Se lo considera el peor fenómeno telúrico de la historia de Chile.

Según el Censo Nacional, el país tiene ese año 7.374.115 habitantes.

semana antes; autoridades eclesiásticas piden a sus fieles no ver *Los amantes*, de Louis Malle. Otros films: *La gran guerra*, de Monicelli, *El general Della Rovere*, de Roberto Rossellini; *Hiroshima mon amour*, de Alain Resnais; *La ley*, de Jules Dassin; etc.

En la sala Cinelandia se exhiben viejas películas chilenas. "Aquellas –dice el realizador Hernán Correa– que todavía no han sido vendidas para fabricar peinetas con su celuloide".

"El cine chileno se parece a un mono porfiado. Cientos de veces ha inclinado la cabeza y cientos de veces, también, ha resurgido con nuevo ímpetu". (S.V. en la columna "Reflector" de *Ecran)* .

El Teatro de Ensayo de la Universidad Católica estrena *La pérgola de las flores,* comedia musical de Isidora Aguirre y Francisco Flores del Campo. Con más de mil presentaciones y medio millón de espectadores, es el espectáculo escénico que ha congregado más público en la historia del teatro chileno.

En el mes de Febrero se realiza en Viña del Mar, por primera vez, el Festival Internacional de la Canción. En cuatro días de desarrollo asisten más de treinta mil personas.

Se vive un auge de la música folklórica argentina. Gran popularidad alcanzan las canciones de Atahualpa Yupanqui y conjuntos como Los Chalchaleros y Los Fronterizos. Visita Chile el músico Igor Stravinski, quien dirige la Sinfónica Nacional.

El músico Acario Cotapos (1889-1969) recibe el Premio Nacional de Arte.

Debuta en Nueva York el bailarín Raimundo Larraín, que partirá después a Europa e inte-

1961 El Partido Demócrata Cristiano emite la llamada "Declaración de Millahue" en que manifiesta su decisión de situarse en el centro del espectro político.

Raúl Silva Henríquez es nombrado Arzobispo de Santiago, cargo que conservará hasta 1982. En los casi diez años finales de su mandato, que coinciden con la primera década del gobierno militar, promueve a través de la Vicaría de la Solidaridad una importante labor en defensa de los perseguidos.

En un accidente de aviación pierden la vida todos los integrantes del club de fútbol Green Cross.

Alcanza un gran auge la fabricación en el país del Fiat-600, que junto con la Citroneta, se convierte en uno de los automóviles económicos más populares.

grará el ballet del Marqués de Cuevas, convirtiéndose en el chileno más notorio a nivel internacional en el mundo de la danza.

1961 El Premio Nacional de Literatura se le otorga a Marta Brunet (1901-1967), escritora de la línea criollista, autora de novelas y libros de cuentos, entre ellos *Montaña adentro Bestia dañina*, *Reloj de sol*, *María Nadie*, etc.

Se publica *El árbol de la memoria*, poemas de Jorge Teillier

Aparece la novela *La brecha*, de Mercedes Valdivieso (1925- 1993), uno de los primeros libros que plantea en la narrativa chilena una línea de reivindicación feminista.

Daniel Belmar (1906-1991) publica la novela *Los túneles morados.* Es autor de una importante obra narrativa: *Coirón, Roble Huacho, Ciudad brumosa, Sonata* y otras novelas.

El crítico y novelista Fernando Alegría inaugura en Chile, con el patrocinio de la Universidad de Concepción, el primer Taller de Escritores que haya funcionado en el país. Participan diez escritores, entre ellos Nicomedes Guzmán, Cristián Huneeus, Miguel Arteche, Mario Ferrero, Enrique Lihn, Jorge Teillier y otros.

Jorge Díaz inicia su carrera de dramaturgo con la obra *El cepillo de dientes*, puesta en escena por el grupo Ictus.

Nemesio Antúnez (1918-1993), uno de los más destacados pintores de su generación, es nombrado Director del Museo Nacional de Bellas Artes.

Visitas de artistas extranjeros: el violoncellista

soviético Mstislav Rostropovich, que actúa en el Municipal. El francés Marcel Marceau, en un momento de auge del espectáculo local de mimos.

La cantante popular Cecilia se convierte en el exponente más representativo de la llamada Nueva Ola de la canción chilena, que comprende entre otros a Los Ramblers, Gloria Benavides, Peter Rock, etc. Alcanzan también difusión importante conjuntos que popularizan un folklore urbano estilizado: Los Cuatro Cuartos, Los de Las Condes, Las Cuatro Brujas. La revista *Ritmo* es, en alguna medida, vocero de todas estas manifestaciones, así como el popular programa radial "Discomanía".

Naum Kramarenko filma *Deja que los perros ladren*, basada en la pieza teatral del mismo nombre de Sergio Vodanovic.

Se crea la Cineteca Universitaria de la Universidad de Chile; su director es Pedro Chaskel.

"Como un niño que siempre nace, pero nunca crece, el cine nacional ha tenido varias infancias y hasta asomos de adolescencia, sin lograr convertirse en un adulto". (Hans Ehrmann, en *Ercilla*).

1962 Se aprueba la primera Ley de Reforma Agraria, que abre la posibilidad de expropiar y subdividir las grandes propiedades inexplotadas o explotadas de modo deficiente. Durante el gobierno de Jorge Alessandri, que fue el promotor de iniciativa, no se produjo una sola expropiación. La oposición de izquierda la calificó de "ley macetero" por sus nulos alcances.

Un conflicto surgido en torno a la utilización de las aguas del río Lauca desemboca en la

1962 Juan Guzmán Cruchaga (1895-1979), poeta, recibe el Premio Nacional de Literatura. Es autor de *La fiesta del corazón, Lejana, Agua del cielo*, *La mirada inmóvil,* y otros libros.

Aparece *Los feroces burgueses*, novela de Luis Merino Reyes (1912), autor de una extensa producción poética, narrativa y ensayística.

La antología *El nuevo cuento realista chile-*

ruptura de relaciones diplomáticas con la vecina nación de Bolivia.

Es elevado a la dignidad de cardenal el recién nombrado arzobispo de Santiago Raúl Silva Henríquez.

En la Isla Grande de Tierra del Fuego se instala el observatorio astronómico más austral del mundo.

En el mes de junio se desarrolla en Chile el Campeonato Mundial de Fútbol, en el que Chile obtiene el tercer lugar al vencer a Yugoslavia por un gol a cero. La Copa la gana el equipo del Brasil y en segundo lugar queda Checoslovaquia.

Con motivo del Campeonato Mundial, el número de televisores existente en el país sube de 3.500 en 1961 a 15 mil.

no, de Yerko Moretic y Carlos Orellana, reúne a una veintena de narradores. Entre ellos: Margarita Aguirre, Mercedes y Jaime Valdivieso, Luis Vulliamy, Poli Délano, Franklin Quevedo, José Miguel Varas, Enrique Lihn y Edesio Alvarado. Estos tres últimos publican poco después, respectivamente, la novela *Porai*, y los libros de relatos *Agua de arroz*, y *El caballo que tosía*.

Con el patrocinio de la Universidad de Concepción y la animación responsable del poeta Gonzalo Rojas, se realiza en esa ciudad un resonante Encuentro Latinoamericano de Escritores. Asisten Neruda, José María Arguedas, Augusto Roa Bastos, Alejo Carpentier, Carlos Fuentes, Mario Benedetti, José Donoso, Fernando Alegría, entre otros.

Visita Chile el documentalista holandés Joris Ivens y filma, el documental *Valparaíso,* considerado pieza fílmica clásica sobre la ciudad porteña. Por las mismas fechas, *Comienza la primavera*, un documental de Ivens sobre la Revolución china, es rechazado por la censura.

El Centro de Cine Experimental de la Universidad de Chile restaura *El húsar de la muerte*, incorporando una banda musical compuesta por Sergio Ortega.

Nuevos documentales: *Día de organillos*, de Sergio Bravo, y *La Alameda*, del sociólogo francés Edgar Morin, quien visita Chile.

Raúl Ruiz produce su primer film: el cortometraje *La maleta*, versión de su obra teatral *El equipaje*, montada por el grupo Los Cuatro de los hermanos Duvauchelle.

El costo de producción de una película argumental es ese año de 35 mil pesos.

El film mexicano de Cantinflas *El analfabeto* se convierte en un fenómeno de masas, al alcanzar un cifra de 418 mil espectadores, más del doble de la superproducción norteamericana *El Cid*, que viene en el ranking a continuación.
Según la revista *Ercilla*, las diez mejores películas del año son tres suecas *(Fresas salvajes, El rostro, La noche de los forasteros)*, dos francesas *(Sin aliento, Moderato cantabile)*, dos italianas *(La noche, Divorcio a la italiana)*, dos norteamericanas *(Sombras, Amor sin barreras)*, y una japonesa *(Vivir)* .

Pocos meses antes de que se iniciara la masificación de la televisión, en Santiago funcionaban 151 salas de cine. Diez años después, la cifra había caído a 50 salas.

Se enluta el teatro chileno al fallecer importantes personalidades de la escena nacional: el actor Alejandro Flores; Antonio Acevedo Hernández, dramaturgo; Santiago del Campo, dramaturgo y periodista, y José Chesta, dramaturgo.

Vivien Leigh se presenta en Chile con el célebre grupo teatral inglés Old Vic, montando en el Municipal fragmentos de *Noche de reyes, La fierecilla domada, Macbeth* de Shakespeare, *La dama de las camelias* y otras obras. También de Inglaterra llega la compañía del London's Festival Ballet con su bailarina-estrella Margot Fonteyn.

En la pequeña pantalla se estrena *Esta es mi familia,* considerada la primera teleserie chilena. La protagonizan Malú Gatica y Emilio Gaete.

1963 En las elecciones municipales del mes de abril, el recientemente formado Partido Demócrata Cristiano obtie-

1963 Se publica *La pieza oscura,* de Enrique Lihn, que define lo que será su futura producción poética: "*La mix-*

ne el 22,8% de la votación, el más alto porcentaje entre todas las colectividades políticas, a poca distancia del Partido Radical, que empieza a perder su tradicional primacía.

En Chillán se produce el fusilamiento Nº 50 en la historia penal chilena. El ajusticiado, Jorge del Carmen Valenzuela, un campesino analfabeto que ha asesinado a su mujer y a sus hijos, es bautizado por la prensa como "El chacal de Nahueltoro". La historia es recogida años después en una película del cineasta Miguel Littin.

tura del aire en la pieza oscura, como si el cielorraso hubiera amenazado / una vaga llovizna sangrienta". fundamentales de su generación.

Jaime Valdivieso publica la novela *Nunca el mismo río*. Es autor de una extensa producción narrativa y ensayística.

Aparece la *Antología del cuento chileno*, preparada por un equipo de investigadores del Instituto de Literatura Chilena dirigidos por César Búnster. Es en su género una obra fundamental.

Benjamín Subercaseaux (1902-1972) recibe el Premio Nacional de Literatura. Tiene una extensa bibliografía, compuesta principalmente de novelas y ensayos. Es autor del célebre *Chile o una loca geografía,* y de *Jemmy Button, Tierra de océano, Santa materia* y muchos otros títulos.

Según Pedro Chaskel, el tan mentado "cine mudo nacional" no significa nada para los cineastas chilenos. El aprendizaje de los aspectos técnicos viene del cine extranjero, y en cuanto al lenguaje cinematográfico, se parte de cero.

El Consejo de Censura rechaza las películas argentinas *Alias Gardelito*, de Lautaro Murúa, y *Setenta veces siete*, de Leopoldo Torre Nilsson. En la revista *Mapocho*, la señora Hilda Catalán de Araneda, que integra el Consejo, hace la apología del código Hays y erige en modelos "las películas mexicanas, que con un lenguaje cinematográfico sencillo relatan historias simples, sin rebuscamientos, que constituyen agradable entretenimiento para las clases populares".

En seis meses, la Censura ha rechazado treinta películas, lo que da origen a las protestas de los exhibidores. El senador Humberto Aguirre Doolan decide presentar un proyecto de ley para modificar los códigos respectivos. Radical.

La Asociación de Productores y Directores de Cine consagra 1963 como "el año del cine chileno", lo que según el crítico Joaquín Olalla sólo puede interpretarse como un "exceso de ingenuidad o ironía", ya que ese año no se produce ningún largometraje.

De recintos especializados en la exhibición de películas soviéticas, los cines Nilo y Mayo pasan a ser salas de films pornográficos.

1964 En Curicó, la coalición izquierdista FRAP obtiene una resonante victoria al ganar la elección a diputado el socialista Oscar Naranjo. El evento, conocido como "Naranjazo", provoca el pánico de la derecha, la que decide retirar su apoyo a la candidatura presidencial del radical Julio Durán y apoyar al demócratacristiano Eduardo Frei Montalva.

En la campaña por la elección de presidente el tono anticomunista alcanza una singular virulencia. Se desencadena, con manifiesto apoyo de fuentes extranjeras, lo que se conoce como "campaña del terror", que anuncia a la población toda clase de catástrofes y horrores si llega a triunfar Salvador Allende, candidato de la izquierda. Obtiene la victoria Eduardo Frei con un 55,7 por ciento de la votación, el más alto obtenido por candidato alguno en la historia de Chile, contra el 38,7% de Allende. Lema del candidato triunfante es: "Revolución en Libertad", que aparece claramente como una vía política alternativa a la que ofrece la revolución cubana.

En el área de la prensa para un público infantil se perfila un fenómeno nuevo: la difu-

1964 En Buenos Aires se publica, dentro del marco de los festejos ofrecidos a Pablo Neruda en sus 60 años, su obra *Memorial de Isla Negra*, que se presenta en cinco volúmenes. Paralelamente, aparece *Genio y figura de Pablo Neruda*, de Margarita Aguirre, una de sus primeras biografías. El Instituto del Teatro, por su parte, presenta *Romeo y Julieta*, en traducción de nuestro poeta.

Aparece *Contra la muerte*, de Gonzalo Rojas. El poeta define aquí su visión de la realidad: "*...un aire, un aire, un aire. / Un aire. / Un aire nuevo. / No para respirarlo / sino para vivirlo*".

Se publica *El peso de la noche*, la primera novela de Jorge Edwards, que obtiene en España el Premio Formentor.

Muere el escritor Juan Emar (1893-1964), seudónimo de Alvaro Yáñez Bianchi, autor de una extensa aunque poco conocida obra novelística. Su monumental novela *Umbral* sólo será publicada en 1996.

Francisco Coloane (1910) recibe el Premio

sión y aceptación crecientes de revistas que, aunque impresas en el país, son producidas en el exterior, particularmente las de la serie de Disney. Paralelamente, desaparecen o declinan las de producción nacional: *El Peneca, El Cabrito, Okey, Don Fausto, Mampato*, etc.

La CORFO crea la Empresa Nacional de Telecomunicaciones, ENTEL.

En el país se registran este año 35 mil aparatos receptores de televisión.

El censo nacional arroja una cifra de 8.400.000 habitantes.

Nacional de Literatura. Novelista y cuentista, miembro destacado de la Generación del 38, es autor de *Cabo de Hornos, Tierra del fuego, Golfo de Penas, El último grumete de la Baquedano, El camino de la ballena* y otras obras, en todas las cuales recrea la dureza y la violencia de la vida y el paisaje de la zona más austral de Chile.

Se realiza en Viña del Mar el Primer Encuentro de Escritoras Chilenas. Participan, entre otras, Magdalena Petit, Mercedes Valdivieso, Elisa Serrana, María Flora Yáñez, María Elena Gertner.

Sergio Bravo presenta *Banderas del pueblo*, documental que recoge el desarrollo de un gran movimiento huelguístico vivido el año anterior por los mineros del carbón de Lota.

Violeta Parra exhibe sus tapices y pinturas en el Museo de Artes Decorativas de París. Algunos confunden la información, y sitúan equivocadamente el evento en el Museo del Louvre, que comparte con el anterior el mismo Palacio.

1965 En las elecciones parlamentarias realizadas en marzo, el partido Demócratacristiano obtiene un 42,3% de la votación, la cifra más alta alcanzada por un partido político antes y después de este evento.

El partido Socialista aprueba en su XXI Congreso celebrado en Linares una línea que sostiene la tesis de la "vía insurreccional" como forma de lucha para acceder a la sociedad socialista. En coherencia con esta línea, reafirma su cerrada oposición al gobierno demócratacristiano, al que, según proclama, le va a negar "la sal y el agua".

1965 Se publican las novelas *Patas de perro*, de Carlos Droguett, *Novela de Navidad*, de Enrique Lafourcade, y *Gracia y el forastero*, de Guillermo Blanco (1926). Esta última –reeditada muchas veces– es la obra más conocida de un autor que ha publicado, entre otros títulos, las novelas *Misa de réquiem, Camisa limpia, El humor brujo*, y varios libros de cuentos, entre ellos, *Sólo un hombre y el mar*, que contiene el notable relato "Adiós a Ruibarbo".

Fernando Alegría, novelista y ensayista, presenta en un disco uno de los poemas que mayor difusión masiva ha alcanzado en Chile, *Viva Chile, M.*, recitado por Roberto Parada.

Política, sociedad

En el mes de agosto se funda el Movimiento de Izquierda Revolucionaria, MIR, que surge de la fusión de pequeños grupos de ex militantes socialistas, comunistas, trotzkistas y pekinistas.

En la localidad austral denominada Laguna del Desierto muere el teniente de Carabineros Hernán Merino, en un enfrentamiento con la Gendarmería argentina.

Un terremoto de grado 7,4 es la escala de Richter sacude las provincias de Aconcagua, Santiago y Valparaíso, causando graves pérdidas materiales y humanas. En el campamento minero de El cobre, en Nogales, un alud provocado por el sismo sepulta bajo el lodo a más de 300 personas.

Se funda la Empresa Nacional de Telecomunicaciones, Entel.

A 130 km. de La Serena se inaugura el observatorio astronómico de La Silla, instalado a 2.400 metros de altura.

En el torneo mundial de tiro realizado en Santiago, Juan Enrique Lira se corona campeón mundial de tiro al vuelo.

El aviador chileno Roberto Parragué realiza en su ya legendario avión "Manutara" un histórico vuelo Santiago-Tahití-Santiago.

Un avión Lan se estrella cuando sobrevuela la zona del cajón del Maipo en un viaje Santiago-Montevideo. Mueren 81 pasajeros y los 7 tripulantes del aparato, en el mayor accidente sufrido por la aviación chilena.

1966 El parlamento aprueba el proyecto gubernamental denominado "Chilenización del cobre", que prevé una

Cultura, espectáculos

El poeta Pablo de Rokha (1894-1968) recibe el Premio Nacional de Literatura. De verdadero nombre Carlos Díaz Loyola, es autor de una muy extensa producción, entre la que destacan los libros *Los gemidos*, *Cosmogonía, Escritura de Raimundo Contreras*, *Acero de invierno*, *Idioma del mundo, Genio del pueblo.* Célebre es su poema "Epopeya de las comidas y bebidas de Chile", tanto como sus sonadas querellas con Huidobro y Pablo Neruda. Le hacía honor a su fama: "*Versificar a bofetadas / ser trágico, brutal y fuerte*".

En los cines de Santiago, tras treinta semanas de exhibición en salas de estreno, la película mexicana *El Padrecito*, de Cantinflas, contabiliza 330 mil espectadores.

El gobierno de Eduardo Frei Montalva designa a Patricio Kaulen presidente de Chile Films, organismo que se ha resuelto revivir. Se crea asimismo el Consejo de Fomento de la Industria Cinematográfica y se promueve una ley de ayuda al cine nacional.

En diversos festivales se ven en esos días, películas como *La infancia de Iván*, de Tarkovski, *Alexander Nevski*, de Eisenstein, *Amanece* y *Los hijos del paraíso*, de Marcel Carné.

Carlos Isamitt (1887-1976) recibe el Premio Nacional de Arte. Una parte considerable de su música está inspirada en temas araucanos.

Ranking de canciones populares de mayor éxito: "Lección de besos", con Piero Sancho y su orquesta, y "Arriba en la Cordillera", de Patricio Manns.

1966 El poeta Juvencio Valle (1900-1999) recibe el Premio Nacional de Literatura. Autor de *La flauta del Hom-*

importante participación del estado en la propiedad de los minerales cupríferos. La ley se aprueba con la oposición de la izquierda, que postula la línea de la "nacionalización".

Nace el Partido Nacional tras la fusión de los antiguos partidos liberal y conservador, que buscan así revitalizar su disminuida presencia pública.

La orden de reanudación de faenas dispuesta por el gobierno para enfrentar una huelga en el mineral de cobre de El Salvador, desemboca en un trágico balance, siete obreros muertos y decenas de heridos, provocados por la intervención de la fuerza armada.

Los estudiantes de la Universidad Católica declaran una huelga por 24 horas para reclamar la reforma de la Universidad. Es el primer movimiento de este carácter que se registra en su historia.

Las islas Más a Tierra y Más Afuera del archipiélago Juan Fernández son rebautizadas respectivamente como Robinson Crusoe y Alejandro Selkirk.

Una salitrera denominada Flor de Chile es el epicentro de un violento terremoto en la zona de Taltal. Alcanza grado 8 en la escala internacional de uno a 12, pero no causa grandes cifras de víctimas.

bre Pan, *El hijo del guardabosque*, *Del monte en la ladera* y otros notables libros. "Juvencio Silencio" lo llamaba Neruda, a quien lo ligaba una gran amistad.

Aparecen *El auriga Tristán Cardenilla*, cuentos de Alfonso Alcalde, *Los expedientes de Filebo*, ensayos de Luis Sánchez Latorre, y la novela *Cero a la izquierda*, de Poli Délano.

Se organiza el Cuarto Festival de Cine en Viña del Mar, que deja de ser de aficionados y se convierte en Festival de Cine Chileno y Primer Encuentro de Cineastas Chilenos.

Naum Kramarenko realiza un film de suspenso, *Regreso al silencio,* estimada como la película más lograda del realizador.

Un nuevo cineasta, Alvaro Covacevic, presenta *Morir un poco*, film semidocumental con atisbos de crítica social, que tuvo un éxito importante de público.

Mario Godoy Quezada publica *Historia del cine chileno*.

Se presenta en el Municipal, el tenor Ramón Vinay, que se ha convertido en una figura importante de la lírica mundial.

Sale a la circulación el primer disco del conjunto Quilapayún, uno de los más célebres grupos de la Nueva Canción Chilena.

El Premio Nacional de Arte, mención en Teatro, se le concede a Pedro Sienna (1893-1972), quien fuera de su labor teatral escribió poesía y, sobre todo, hizo cine.

En el Palacio Carrasco de Viña del Mar se instala una réplica en bronce de la escultura "El genio de la guerra", de Auguste Rodin. La obra fue rechazada en 1880

1967 Nuevos movimientos huelguísticos de los estudiantes de la Universidad Católica de Chile, que piden profundas reformas en la estructura de la institución. Por los ataques recibidos desde sus columnas, la Federación de Estudiantes coloca un lienzo gigantesco en el frontis de la Casa Central: "*El Mercurio* miente". El Vaticano designa interventor al Cardenal Raúl Silva Henríquez, al cabo de cuya gestión es designado prorrector el arquitecto Fernando Castillo Velasco.
El movimiento se extiende a la Universidad Católica de Valparaíso, donde la huelga se prolonga durante casi dos meses.

El Congreso aprueba una nueva Ley de Reforma Agraria, que amplía y profundiza los alcances de la ya existente. A la fecha de su aprobación, en todo caso, el gobierno había ya hecho expropiar 495 predios de un total de más de un millón de hectáreas. Paralelamente, se aprueba también una ley que ampara la sindicalización campesina.

En su XXII Congreso General Ordinario, el Partido Socialista ratifica su opción por la vía insurreccional. Poco tiempo después, una fracción del partido encabezada por Raúl Ampuero se margina, formando la Unión Socialista Popular, Usopo.

Una toma de terrenos que se realiza en medio de una violenta acción represiva de Carabineros, da origen a la población Herminda de la Victoria, nombre de una de las pobladoras inmoladas durante la intervención policial.

como monumento propuesto en homenaje a nuestras Glorias Navales. La réplica se adquirió, ochenta años después, ante la explicable negativa del Museo Rodin de vender el original.

1967 Se publica el libro de cuentos *El entusiasmo* con el cual inicia su carrera literaria el escritor Antonio Skármeta, y en España, la novela *Job-Boj*, de Jorge Guzmán,

Salvador Reyes (1899-1970) recibe el Premio Nacional de Literatura. Es autor de novelas de temas marítimos y de aventuras, entre ellas *Ruta de sangre, Mónica Sanders,* y *Valparaíso puerto de nostalgia.*

Aparece póstumamente *Poema de Chile*, de Gabriela Mistral.

El día 5 de febrero se quita la vida de un disparo en su Carpa de La Reina, Violeta Parra (1917-1967), compositora notable, autora de canciones que han alcanzado gran popularidad nacional e internacional, ejerciendo una gran influencia en la llamada Nueva Canción Chilena y en la música popular latinoamericana. Tiene además una abundante producción poética, publicada en su mayor parte en forma póstuma. Se la recuerda también por su obra como tapicera y pintora. *"Violeta de los Andes / (...) eres un manantial inagotable / de vida humana"*, escribió su hermano Nicanor.

Muere Tótila Albert (1892-1967), uno de los más importantes escultores chilenos.

El Teatro Experimental estrena *Fulgor y muerte de Joaquín Murieta*, de Pablo Neruda. De méritos teatrales discutidos, ha sido montada sin embargo, gracias a la notoriedad de su autor, en innumerables naciones europeas.

Se introduce en el país la Prueba de Aptitud Académica, que mide la capacidad de los jóvenes para ingresar a la enseñanza universitaria. Reemplaza a los exámenes, vigentes hasta entonces, que permitían acceder al tradicional diploma de Bachillerato.

Se funda el Parque Nacional La Campana, enclavado en la Cordillera de la Costa, a pocos kilómetros de Quillota.

Se inaugura el aeropuerto internacional de Pudahuel, a 20 km. de la capital, que reemplaza las ya anticuadas e insuficientes instalaciones de Los Cerrillos.

A 80 kilómetros de La Serena entra en funciones el Observatorio Cerro Tololo, instalado en el cerro que lleva ese nombre.

El boxeador Godfrey Stevens gana el campeonato sudamericano de los pesos pluma. En el ranking mundial se ubica entre los diez mejores del mundo.

Patricio Kaulen realiza *Largo viaje*, con fotografía de Andrés Martorell. Es un film neorrealista, que ha quedado como documento costumbrista notable de la ciudad de Santiago.

Helvio Soto presenta la película *Caliche sangriento*, que relata una historia centrada en la Guerra del Pacífico. Inquieto por las protestas de algunos círculos militares, el gobierno prohibe durante un tiempo su exhibición, revocando al cabo la medida.

Se realiza el Quinto Festival de Cine de Viña del Mar, que pasa a ser el 1er Festival de Cine Nuevo Latinoamericano y el 1er Encuentro de Cineastas Latinoamericanos. Preside el torneo Aldo Francia y participan, entre otros importantes realizadores del Continente, Octavio Getino, Eliseo Subiela, Jorge Sanjinés, Santiago Alvarez, Humberto Solás y otros.

Gerardo Claps, S.J., subdirector de la revista *Mensaje*, escribe en ella, a propósito de *El Evangelio según San Mateo*, de Pier Paolo Pasolini, que sería interesante averiguar "lo que ha permitido a un marxista realizar la mejor película religiosa que conoce hasta este momento la historia del cine".

Actúa en las óperas *Andrea Chénier* y en *Carmen*, el tenor español Plácido Domingo, que entonces sólo tiene 26 años. Poco conocido, obtiene sin embargo un gran éxito. Dos décadas después, en 1990, una nueva visita suya se convierte en un enorme fenómeno de masas.

1968 Un grupo de sacerdotes, religiosas y laicos, denominado "Iglesia Joven" protagonizan una toma de la Catedral de Santiago. La ocupan durante veinticuatro horas, dicen misa y rinden un homenaje a la Revolución cubana. Los hermanos Isabel y Angel Parra interpretan el "Oratorio del Pueblo".

1968 En el mes de febrero se suicida el escritor Joaquín Edwards Bello, y meses después, en septiembre, se quita también la vida el poeta Pablo de Rokha, en su casa de La Reina, donde vive completamente solo. "Creo que ambos tenían algo en común –comenta Jorge Edwards–. Durante

El movimiento de reforma universitaria se sigue extendiendo, alcanzando a las Universidades de Chile y Técnica del Estado. En ambas el proceso logra importantes transformaciones institucionales. Entre ellas, la designación de autoridades a través de elecciones con participación de académicos, funcionarios y estudiantes.

En la Universidad Técnica el proceso reformista logra un importante paso en el establecimiento de la enseñanza para trabajadores.

Se aprueban las leyes que crean oficialmente las Juntas de Vecinos y los Centros de Madres.

Visita el país la reina Isabel II de Inglaterra. Es célebre en la pequeña historia del periodismo local, el titular que el diario *Clarín* dedicó a las piernas de la soberana.

Se inician los trabajos de construcción del Metro de Santiago. Comienza con la excavaciones de lo que será la Estación Las Rejas de la Línea 1.

En el mes de junio el médico Jorge Kaplán realiza la primera operación de trasplante de corazón llevada a cabo en el país. El hecho se produce en el hospital Almirante Neff de Valparaíso y la paciente es una modista de 24 años, María Elena Peñaloza.

una larga vida lanzaron un desafío apasionado, virulento, al medio nacional; un desafío que rebotó contra espesos muros de indiferencia... Los honores, los premios llegaron demasiado tarde y con la inevitable mezquindad criolla".

Muere el historiador Jaime Eyzaguirre (1908-1968), autor de *Ventura de Pedro de Valdivia*, *Fisonomía histórica de Chile*, *Breve historia de las fronteras de Chile* y otras obras.

El Premio Nacional de Literatura recae en el crítico y cuentista Hernán del Solar (1901-1985).

Germán Bécker, animador de los Clásicos Universitarios del fútbol, realiza un film musical, *Ayúdeme usted, compadre*, con un abigarrado reparto: Mario Kreutzberger, Gloria Simonetti, Pedro Messone, Los Ramblers, Arturo Gatica, Fresia Soto, Sergio Livingston, etc. Fue un gran éxito de taquilla: la vieron 375.000 espectadores. Un crítico la calificó de "apología del arte *kitsch*".

El gobierno del presidente Frei promulga una ley que favorece al cine nacional: libera los impuestos a la internación de película virgen y a las entradas vendidas en los cines que exhiben films chilenos.

Lunes primero, domingo siete, nueva película de Helvio Soto. Por su parte, Alvaro Covacevic presenta *New Love o La revolución de las flores*. Película sobre los "hippies" chilenos, fue prohibida para menores de 18 años, y la Municipalidad de Santiago hizo retirar el afiche que la publicitaba por considerarlo obsceno.

La Censura rechaza la exhibición de la película *Madre Juana de los Angeles*, del polaco

Política, sociedad

1969 En el mes de marzo, un intento de desalojo por Carabineros de los terrenos ocupados en Pampa Irigoin, Puerto Montt, por grupos de pobladores, origina una masacre en la que pierden la vida ocho pobladores quedando cerca de medio centenar de heridos.

En el Partido Demócratacristiano se produce una escisión que da nacimiento a un grupo cristiano de izquierda: el Movimiento de Acción Unitaria, MAPU. Del Partido Radical se desprende también un grupo, la llamada Democracia Radical, que componen sus sectores más derechistas.

La segunda etapa de la política del cobre llevada a cabo por el gobierno se concreta en la llamada "nacionalización pactada" de los minerales de Chuquicamata, Salvador y

Cultura, espectáculos

Jerzy Kawalerowicz, que había ganado el Premio Especial del Jurado en el Festival de Cannes en 1961.

En homenaje a la Reina Isabel de Inglaterra, que visita Chile, se presenta en una velada en el Estadio Nacional una versión de *El príncipe feliz*, de Oscar Wilde.

En el Rex y en el Caupolicán se presenta Maurice Chevalier.

El músico Alfonso Letelier obtiene el Premio Nacional de Arte.

Se realiza la magna exposición de pintura "De Cézanne a Miró", una de las más importantes realizadas en el país en el presente siglo.

La novela *El socio*, de Jenaro Prieto, se convierte en una telenovela de 64 capítulos dirigida por Helvio Soto y con Leonardo Perucci en el papel protagónico. La transmite el Canal 13.

1969 Nicanor Parra (1915) recibe el Premio Nacional de Literatura. Creador de la llamada "antipoesía", es autor de *Cancionero sin nombre, Poemas y antipoemas, Versos de Salón, Obra gruesa, Artefactos, Sermones y prédicas del Cristo de Elqui* y otros títulos. Apoyándose en "el lenguaje de la tribu", en su poesía entra "el hombre común y corriente con sus historias feas y brutales, inserto en un mundo absurdo que lo trae y lo lleva sin sentido" (J. A. Piña). Su influencia en la poesía de habla española es muy considerable y no cesa de crecer.

Aparece *La musiquilla de las pobres esferas*, de Enrique Lihn.

Se realiza el Primer Festival de la Nueva Canción Chilena, en el que el animador radial

Potrerillos. Paralelamente, mediante la compra por parte de CORFO del 75% de las acciones de Chilectra, esta empresa pasa a manos del Estado.

Se crea la Oficina Nacional de la Mujer de la Presidencia de la República.

Se firma el Pacto Andino entre los gobiernos de Bolivia, Colombia, Chile, Ecuador y Perú. Venezuela adherirá en 1973.

En el mes de octubre se produce un intento de asonada militar encabezada por el general Roberto Viaux, quien se acuartela en el Regimiento Tacna, lo que sirve a los medios de comunicación para bautizar el fracasado movimiento como "tacnazo".

Se funda la Unidad Popular, alianza que asocia a los partidos radical, socialista, comunista, Mapu y otros grupos menores. En un primer intento por definir una candidatura común a la presidencia, surgen los nombres de Salvador Allende, Alberto Baltra, Rafael Tarud, Jacques Chonchol. El Partido Comunista postula como candidato suyo al poeta Pablo Neruda.

Signos negativos en la economía chilena: la deuda externa, que alcanzaba a poco menos de 600 millones de dólares en 1960, llega diez años después a alrededor de 3 mil millones, una de las más altas del mundo.

Se inaugura la Televisión Nacional de Chile, filial de Corfo, primer canal estatal, que tendrá presencia en 25 provincias del país.

En la cumbre del cerro La Silla, en una zona precordillerana entre Vallenar y La Serena, se inaugura uno de los observatorios más grandes del mundo. El complejo astronómico es producto de un programa internacional en el que participa media docena de países europeos.

Ricardo García congrega a quienes encarnarán el movimiento durante largos años: los hermanos Isabel y Angel Parra, Víctor Jara, Héctor Pavez, Rolando Alarcón, Patricio Manns, los conjuntos Inti Illimani, Aparcoa y Quilapayún. Un punto de encuentro de estos intérpretes será la llamada Peña de los Parra, que funciona en una casona de la calle Carmen.

Con la obra *Cuestionemos la cuestión*, montada por el teatro Ictus, se consolida una nueva tendencia teatral, en que la puesta en escena –actuación, movimientos, iluminación, interpelación al espectador– se privilegia antes que el texto escrito. El protagonismo de director y actores decreta una progresiva desaparición del dramaturgo. Con el tiempo, esta nueva tendencia se conocerá como "Creación Colectiva".

Se otorga por primera vez el Premio Nacional de Ciencias, que recae en el sabio Alejandro Lipschutz, fisiólogo y antropólogo, autor de una vasta labor en la docencia y la investigación científica. Es autor de numerosas obras en variados campos del pensamiento y la ciencia.

Segundo Festival de Cine Nuevo Latinoamericano y Segundo Encuentro de Cineastas Latinoamericanos de Viña del Mar. Se exhiben ciento diez películas entre cortos y largometrajes, provenientes de nueve países. Entre ellas, la argentina *La hora de los hornos*, de Fernando Solanas y Octavio Getino; las cubanas *Memorias del Subdesarrollo*, de Tomás Gutiérrez Alea, *Lucía*, de Humberto Solás y los documentales de Santiago Alvarez; la brasileña *Antonio das mortes*, de Glauber Rocha.

En el Festival se exhiben las películas que marcan el punto de partida del llamado Nuevo Cine Chileno: *Tres tristes tigres*, de Raúl Ruiz; *El chacal de Nahueltoro*, de Miguel Littin; *Valparaíso mi amor*, de Aldo Francia; y *Caliche sangriento*, de Helvio Soto. Las dos primeras están consideradas entre las diez mejores películas latinoamericanas de todos los tiempos.

El director boliviano Humberto Ríos realiza una coproducción chileno-argentina, *Eloy*, basada en la novela homónima de Carlos Droguett.

Mientras cobra auge en la televisión el género de las teleseries, en la otrora popular radiotelefonía se asiste al ocaso de *El gran teatro de la historia*, de Jorge Inostroza, uno de los programas radiofónicos de mayor difusión en la década.

1970-1979

11 de septiembre de 1973. Los militares alzados bombardean La Moneda. Allende muere, poniénd
fin al experimento político y social intentado por la Unidad Popular. Se inicia el largo interludio de
dictadura del general Pinochet.

Política, sociedad

1970 El año comienza cuando se ha definido ya el cuadro de las candidaturas presidenciales: Jorge Alessandri Rodríguez es el candidato de la derecha, Radomiro Tomic ha sido proclamado por la democracia cristiana, y Salvador Allende opta por cuarta vez al cargo, postulado por la Unidad Popular.

En el mes de abril, el ingeniero agrónomo Hernán Mery, militante democristiano, Director Zonal de la Reforma Agraria, es asesinado mientras dirige la toma de posesión legal del fundo "La piedad", al interior de Linares.

Se aprueba la ley que consagra el derecho a voto de los analfabetos y de los jóvenes mayores de 18 años.

En el mes de septiembre se realizan las elecciones, triunfando Salvador Allende con el 36,2% de la votación, contra un 34,9% que obtiene Jorge Alessandri y 27,8% de Radomiro Tomic.

El clima de extrema tensión política y social llega a su punto más peligroso con el atentado que sufre el general René Schneider, Comandante en Jefe del Ejército, quien es asesinado por un comando derechista. Años después se establecerá fehacientemente que los asesinos habían sido manipulados por la CIA.

El Congreso ratifica a Salvador Allende como nuevo Presidente de la República. El acuerdo se logra gracias al apoyo de la Democracia Cristiana, que condiciona su voto favorable previa aprobación de un Estatuto de Garantías Democráticas.

El nuevo gobierno dispone medidas inmedia-

Cultura, espectáculos

1970 José Donoso publica en Barcelona su novela *El obsceno pájaro de la noche*, en que el escritor profundiza en "lo grotesco, la caída en el caos, la ambigüedad, la desintegración, lo monstruoso, lo laberíntico" (M. Fernández Fraile), común a toda la obra suya, pero que aquí alcanza su máxima expresión.

Aparecen las *Décimas*, de Violeta Parra, autobiografía en verso de la notable artista popular, fallecida tres años antes.

El novelista Carlos Droguett (1912-1996) obtiene el Premio Nacional de Literatura. Es autor de una extensa obra literaria: aparte de títulos ya citados con anterioridad, se recuerdan *Supay el cristiano, Patas de perro, El compadre, Cien gotas de sangre y doscientas de sudor, El hombre que había olvidado* y otros libros.

El teatro Ictus presenta *Tres noches de un sábado*, obra de creación colectiva. Dura dos años en cartelera y la ven cerca de 120 mil espectadores.

Se da a conocer el Manifiesto de los Cineastas de la Unidad Popular, cuerpo de principios y guía programática del trabajo cinematográfico. Lo suscribieron la mayoría de los realizadores chilenos y organismos como el Departamento de Cine Experimental de la Universidad de Chile y la Escuela de Artes de la Comunicación de la Universidad Católica.

Se estrenan una media docena de largometrajes nacionales. Entre ellos, *La casa en que vivimos*, de Patricio Kaulen; *Los testigos*, de Charles Elsesser; *Probibido pisar las nubes*, de Naum Kramarenko. Una curiositas en su política internacional, estableciendo relaciones con Cuba, con más de media docena de naciones africanas, otras tantos estados asiáticos, más países socialistas europeos como Hungría y la República Democrática Alemana. Declara además a Chile como Nación No Alineada, y reafirma la decisión de implementar la Vía Chilena al Socialismo.

En diciembre se inicia el proceso de nacionalización de la industria textil al ser expropiada la Fábrica Bellavista de Tomé.

Inician su publicación dos diarios de corte populista: *Puro Chile,* creado para apoyar la candidatura de Salvador Allende, y *Tribuna,* que persigue la finalidad exactamente contraria. Librará en los años siguientes una enconada campaña contra el gobierno de la Unidad Popular.

Se inaugura el túnel caminero Lo Prado, uno de los más largos del país, con una longitud de 2.744 metros. Evita la antigua cuesta del mismo nombre en el camino que une Santiago con Valparaíso y Viña del Mar.

Se contabilizan en el país 95.500 estudiantes de la enseñanza superior, de los cuales el 47% están inscritos en la Universidad de Chile.

Se dicta la Ley 17.377, que crea el Consejo Nacional de Televisión. El hecho subraya que la TV ha terminado por convertirse en el medio de comunicación social más importante, con una influencia creciente y casi sin contrapeso en toda la población.

El censo nacional señala una población de 8.884.768 habitantes. La natalidad, de sólo 26,8 por cada mil habitantes, marca un brusco descenso con respecto a 1960. La tendencia se manifiesta también en la baja de la

dad: *La araucana*, supuestamente inspirada en el poema épico de Ercilla, dirigida por el español Julio Coll y un heterogéneo reparto encabezado por la italiana Elsa Martinelli.

Se presentan varios documentales inscritos dentro del cine militante y de denuncia: *Venceremos*, de Pedro Chaskel y Héctor Ríos; *Brigada Ramona Parra*, de Alvaro Ramírez y otros; *Casa o mierda*, de Carlos Flores y Guillermo Cahn; *Escuela Santa María de Iquique*, de Claudio Sapiaín.

El conjunto Quilapayún estrena la *Cantata de Santa María de Iquique*, del compositor Luis Advis, una de las piezas musicales cumbres de la Nueva Canción Chilena.

Recibe el Premio Nacional de Arte Gustavo Becerra (1925), uno de los pocos cultores de la música atonal en Chile.

Tras 37 años de ausencia, viene a Chile, en la primera de sus tres únicas visitas al país, el pintor Roberto Matta. En su permanencia fuera del país se ha convertido en una celebridad internacional de la pintura surrealista.

El derecho de nacer, una de las primeras telenovelas latinoamericanas transmitidas por la televisión chilena, se convierte en un gran éxito de masas. Un eco importante obtiene también el programa humorístico *La manivela*. Estos hechos ponen de relieve algo que muchos ya han advertido: la televisión –cuya ley normativa acaba de aprobarse– se ha convertido, cualquiera que sean sus consecuencias, en el fenómeno de masas de mayor significación en la cultura nacional.

mortalidad, de 8,9 por mil contra 12,6 en 1960, y en la mortalidad infantil, de 82,2 por mil contra 119,5 en 1960.

1971 El Congreso Nacional reforma la Constitución introduciendo en ella las cláusulas previstas en el Estatuto de Garantías que permitió el apoyo de la democracia cristiana a Allende en su elección por el Congreso.

El Partido Socialista ratifica en su XXIII Congreso Nacional su adhesión a la "vía insurreccional", eligiendo a Carlos Altamirano como Secretario General.

En las elecciones municipales de abril, la Unidad Popular obtiene el 49,7% de la votación.

Terremoto grado 7,5 en las provincias de Coquimbo, Aconcagua, Valparaíso y Santiago, con pérdidas de vidas, centenares de heridos y graves daños materiales.

Es asesinado el ex ministro del Interior del gobierno demócratacristiano, Edmundo Pérez Zujovic, a manos de un comando perteneciente a un grupúsculo ultraizquierdista llamado Vanguardia Organizada del Pueblo, VOP. El crimen, que numerosos indicios apuntan a una manipulación de la CIA, genera una grave crisis política.

En una votación unánime, el Congreso aprueba la ley que decreta la nacionalización de los minerales de cobre. El 11 de julio, día de su promulgación, es declarado por el gobierno Día de la Dignidad Nacional.

Tras la nacionalización de los minerales de cobre de Chuquicamata, Exótica, El Salvador, Andina y El Teniente, el gobierno toma posesión de los minerales de salitre y hierro, com-

1971 Pablo Neruda (1905-1973) recibe en Estocolmo del Premio Nobel de Literatura. Culmina así su trayectoria el poeta chileno de mayor trascendencia universal; su producción marcó profundamente la poesía de lengua española del siglo XX. Es autor de una veintena de libros de poemas, entre ellos, *Crepusculario*, *Veinte poemas de amor y una canción desesperada, Residencia en la tierra, Canto General*, *Odas elementales, Estravagario*. Es célebre también su libro de memorias *Confieso que he vivido.*

El poeta Humberto Díaz Casanueva (1908-1992), mentor del movimiento surrealista en Chile, recibe el Premio Nacional de Literatura. Es autor de *Vigilia por dentro, Réquiem*, *El blasfemo coronado* y otras obras.

Se publican las novelas *Y corría el billete* de Guillermo Atías y *Palomita blanca*, de Enrique Lafourcade. Esta última alcanza con los años una difusión pocas veces lograda por una novela chilena. En Buenos Aires aparece *La oscura vida radiante* de Manuel Rojas, que cierra el ciclo novelesco creado en torno al personaje Aniceto Hevia, que tiene una fuerte connotación autobiográfica.

Aparece *Para leer al Pato Donald*, de Ariel Dorfman y Armand Mattelart, que procura desentrañar las claves ideológicas de la imaginería de los productos Disney. Obtiene un notable eco nacional e internacional.

Los artistas que apoyan al gobierno de la Unidad Popular organizan el *Tren de la Cultura*, embajada itinerante de representantes de diversas disciplinas: teatro, música, ballet pletando el paso a la nación de la Gran Minería.

En el mes de octubre se establecen las tres áreas en que quedará conformada la economía: privada, mixta y social. Esta última se constituirá con 91 empresas básicas. Se dan, además, los pasos necesarios para estatizar la banca y el comercio exterior.

Chile y Argentina someten su diferendo sobre el Canal Beagle al arbitraje de la Corona británica.

Nace la Izquierda Cristiana, grupo que se escinde de la Democracia Cristiana y se suma luego a la Unidad Popular.

Realiza una prolongada visita al país el líder cubano Fidel Castro. Algunos piensan que lo dilatado de su permanencia fue dañino para el gobierno de Salvador Allende.

Los partidos de oposición organizan la llamada "marcha de las cacerolas", que se transforma en la primera gran manifestación mulitudinaria de repudio al gobierno de Allende.

1972 A lo largo del año se vive una ofensiva política en que la oposición parlamentaria logra la destitución su-

y artes visuales. Un grupo de escritores y periodistas, por otra parte, fundan *La Quinta Rueda*, revista de debate cultural, en tanto que los dibujantes Hernán Vidal, José Palomo y Alberto Vivanco publican el magazine satírico *La Firme*, sucesora de *La Chiva*, exitoso semanario humorístico que circulaba con anterioridad a 1970.

Se publica *Historia del cine chileno*, de Carlos Ossa Coo, en la popular colección "Nosotros los Chilenos" de la estatal Editorial Quimantú.

El film *Voto más fusil*, de Helvio Soto, reivindica la línea de la llamada izquierda revolucionaria en oposición a la izquierda tradicional.

Primer año, de Patricio Guzmán; *Compañero presidente*, de Miguel Littin, y *Diálogo de América*, de Alvaro Covacevic, tres largometrajes documentales centrados en Salvador Allende y su gobierno. El segundo registra una larga entrevista entre el presidente y Regis Debray.

Raúl Ruiz realiza *Colonia penal,* relato kafkiano sobre una isla gobernada, según su realizador, por "un dictador sociademócrata", y *Nadie dijo nada*, en la misma línea narrativa de *Tres tristes tigres*. Produce también un documental sobre los mapuches, *Ahora te vamos a llamar hermano.*

El cubano Santiago Alvarez filma en Chile *Cómo y por qué se asesina a un general*, sobre la muerte del general Schneider. En el año siguiente se inspirará en el mismo tema el largometraje argumental *Operación Alfa*, de Enrique Urteaga.

1972 El Premio Nacional de Literatura se le otorga a un escritor prácticamente olvidado, Edgardo Garrido Merino cesiva de varios ministros. Hay un virtual asedio de los medios de comunicación controlados por la oposición, y las asonadas callejeras se suceden una tras otra. "El tiempo de la cortesía entre los chilenos estaba agotado" (Germán Marín) .

Hacia mediados de año, el proceso de estatización de la banca ha logrado la mayor parte de sus objetivos. Otro tanto ocurre con la Reforma Agraria: en el año la cifra de expropiaciones alcanza a 1.374, suma similar a la que muestra todo el período del gobierno anterior de Eduardo Frei. Al año siguiente se habrá completado la cifra de 5.809 expropiaciones, equivalente a cerca de diez millones de hectáreas, practicadas desde el comienzo de la aplicación de la ley, que data del mes de julio de 1967. Todo ello tuvo naturalmente, "un costo social", necesario "para romper un sistema feudal, para terminar con el inquilinaje", según palabras de un analista demócratacristiano veinticinco años después.

En el mes de octubre se produce una huelga organizada por los dueños de camiones. Adhieren a ella los comerciantes, los funcionarios bancarios y otros gremios, logrando la virtual paralización del país durante más de tres semanas.

Allende visita México, donde pronuncia un recordado discurso en Guadalajara. Notable repercusión alcanza también su participación en Nueva York en la Asamblea de Naciones Unidas.

Se crea la Secretaría Nacional de la Mujer.

En las laderas del volcán Tinguiririca se accidenta un avión que transporta a la selección de rugby uruguaya. Sobreviven dieciseis personas, quienes luego confesarán que sólo

(1893-1976). De su producción se recuerda la novela *El hombre en la montaña*, publicada en España en 1933.

Muere el escritor Luis Oyarzún (1920-1972), autor de una extensa obra poética y ensayística.

Ya no basta con rezar de Aldo Francia, expresa, años antes de que se popularice, las ideas de la "teología de la liberación".

Roberto Rossellini filma en Chile por cuenta de la Televisión italiana una larga entrevista con Salvador Allende.

Basado en la novela de Guillermo Blanco, Sergio Riesemberg rueda una romántica historia de amor, *Gracia y el forastero*.

La expropiación, sobre la reforma agraria, es una película de Raúl Ruiz. Actúa Nemesio Antúnez. El realizador rueda también *Realismo socialista* que versa, según él, sobre "la toma del poder tratada en forma irónica".

En Chile Films se filman varios documentales, a cargo de Héctor Ríos, Diego Bonacina, José Caviedes, Jaime Larraín, Raúl Ruiz, Antonio Montero, Wolfgang Tirado, Jacqueline Mouesca y otros.

Opiniones de cineastas: Raúl Ruiz dice: "Prefiero registrar antes que mixtificar el proceso chileno"; Miguel Littin: "No hay buen o mal cine, sino cine útil y cine inútil (...) Primero hay que aprovechar el dividendo ideológico del cine"; Helvio Soto: "Exijo del artista revolucionario identidad entre su forma de vivir y de pensar". Patricio Guzmán: "Más vale una sólida formación política que la destreza artesanal en el cine".

Muere Pedro Sienna (1893-1972). Aparte de

lo lograron en los más de dos meses que permanecieron aislados en medio de la nieve, practicando la antropofagia con la carne de sus compañeros muertos.

1973 Apenas iniciado el año, la mayoría parlamentaria de oposición prosigue con sus acusaciones constitucionales contra los ministros del gobierno.

En las elecciones parlamentarias de marzo, la Unidad Popular se mantiene con el 43% de la votación como la fuerza política dominante.

A partir del mes de abril comienza una serie de conflictos gremiales, el más grave de los cuales es el de los trabajadores del mineral de cobre de El Teniente, cuya huelga se prolonga por más de dos meses y medio.

En el mes de junio se produce un levantamiento del Regimiento Blindado Nº 2 de Tanques, lo que lleva a la prensa a bautizarlo como "tanquetazo" o "tancazo". Lo dirige el coronel Roberto Souper y es sofocado en una acción dirigida personalmente por el general Carlos Prats.

En junio, el camarógrafo argentino Leonardo Henricksen, filma su propia muerte cuando intenta captar para la televisión sueca imágenes de la asonada militar. El jefe de un destacamento militar dispara directamente a la cámara.

El 27 de julio es asesinado por comandos

su labor como cineasta, fue poeta y destacado actor teatral.

Clamorosa acogida tiene en el público la presentación del cantante catalán Joan Manuel Serrat. Impedido posteriormente de volver a Chile durante la dictadura, sólo puede regresar en 1990, dieciocho años después.

Se inaugura el Museo de la Solidaridad con obras donadas por más de 400 artistas nacionales y un conjunto de notables artistas extranjeros.

1973 Entre enero y agosto la Editorial Quimantú publica un total de 3 millones seiscientos mil ejemplares de 32 títulos diferentes en la Colección "Minilibros Quimantú". Algunos autores: Melville, Bruno Traven, Pierre MacOrlan, Joseph Conrad, Machado, Oscar Wilde, Zweig, Cortázar, Thomas Mann, y una docena de autores chilenos, entre otros nombres.

El mismo día –11 de marzo– fallecen dos grandes escritores chilenos, Manuel Rojas, a los 77 años, y Benjamín Subercaseaux, a los 75.

El 23 de septiembre muere de cáncer Pablo Neruda. Pocos días antes de su muerte, su casa de Santiago había sido saqueada y semidestruida por la fuerza militar. Las circunstancias que rodean su fallecimiento producen conmoción mundial.

Aparece *Cambio de máscara*, cuentos de Poli Délano, Premio Casa de las Américas de La Habana.

Basado en la novela de Enrique Lafourcade, Raúl Ruiz filma *Palomita blanca*. La película, extraviada durante casi veinte años, será exhibida sólo en 1992.

ultraderechistas el capitán de navío Arturo Araya Peters, edecán naval del presidente Allende.

En agosto el presidente Allende decide afrontar la grave crisis política que vive el país llamando al ministerio a los jefes de las tres ramas de las Fuerzas Armadas y al director de Carabineros. Pero tres semanas después, todos ellos renuncian, tras el acuerdo del Congreso que sostiene que el Gobierno ha sobrepasado la Constitución.

El 23 de agosto el general Carlos Prats renuncia a la Comandancia en Jefe del Ejército y el presidente Allende designa en el cargo al general Augusto Pinochet.

El 4 de septiembre se realiza una gran concentración popular. Medio millón de personas mostrarán por última vez su apoyo al gobierno.

El 11 de septiembre se produce un golpe de Estado, el gobierno legal es derrocado y en su lugar se instala una Junta militar integrada por los generales Augusto Pinochet (Ejército) y Gustavo Leigh (Fuerza Aérea), el almirante José Toribio Merino (Marina) y el general César Mendoza (Carabineros) .

El palacio de La Moneda es bombardeado por aviones Hawker Hunter, incendiándolo. Durante el asalto posterior, muere Salvador Allende, quien se suicida. Pierden también la vida varios de sus acompañantes, siendo apresados los restantes. La mayoría de ellos desaparecen, siendo los primeros de la innumerable lista de detenidos desaparecidos que se formará en los años siguientes.

Tras la instalación de la Junta Militar se inicia un período de dura represión. Se habilitan en Santiago los estadios Chile y Nacional

Se presenta *La respuesta de Octubre*, de Patricio Guzmán, un largometraje documental sobre la huelga de los camioneros de octubre del 72. Entretanto, el cineasta, desde seis meses antes del golpe, rueda los acontecimientos cotidianos del país. Con posterioridad al 11 de septiembre emigra, llevándose lo filmado, y en Cuba y Francia monta un largometraje documental, *La batalla de Chile,* que se exhibirá entre 1975 y 1979 en diversos festivales, obteniendo un clamoroso reconocimiento internacional.

En el mes de agosto, pocas semanas antes del golpe de estado, Chile Films y la Universidad Técnica del Estado exhiben en la Biblioteca Nacional una Retrospectiva general del cine chileno, desde *El húsar de la muerte*, hasta *Nadie dijo nada.*

Con motivo de la crisis creada con la Motion Pictures, los films norteamericanos que se proyectan en las salas nacionales sólo llegan al 18% del total de la oferta. Surge como alternativa la producción de los países socialistas: films de Konchalovsky, Mikhalkov, Milos Jankso, etc., y películas europeas: Eric Rohmer, Luigi Comencini y otros. Las pantallas se pueblan también de films cercanos al cine porno.

Tras el golpe, los estudios de Chile Films son allanados por la fuerza militar, y miles de metros de películas consideradas subversivas son entregadas a las llamas.

Los muertos son innumerables. Algunos de estos casos producen intensa emoción en el país y en el extranjero, como el de Víctor Jara (1932-1973), notable compositor, cantante y director de teatro, autor de "Plegaria a un labrador", "Te recuerdo, Amanda" y otras célebres canciones, detenido el día del golpe y asesinado poco después en el Estadio Chile.

como centros de detención, y en provincias se abren también centros similares. Varios ex ministros de Allende, altos funcionarios de su gobierno y dirigentes de los partidos de la Unidad Popular son confinados en la isla Dawson, en el extremo austral del país.

Junto con la clausura del Congreso Nacional, se declara el Estado de Guerra Interno y se habilitan los Consejos de Guerra, que dictan numerosas condenas a muerte.

La Junta Militar ordena el cierre de los diarios *El Siglo, Clarín, Ultima Hora* y *Puro Chile* y las revistas *Chile hoy, Hechos Mundiales, Onda, Paloma, Punto Final*, entre otras. En la mayoría de los casos, sus bienes e instalaciones fueron incautados.

En octubre la Junta Militar dispone la proscripción de los partidos denominados marxistas y el receso indefinido y luego la disolución de todos los demás. El gobierno confiscó sus bienes y castigó con dureza toda tentativa de romper el receso político. "Diversos servicios de seguridad, en particular la DINA, daban muerte metódica e implacablemente a las jefaturas y equipos básicos del MIR, el PS y el PC. Desaparecieron, por ejemplo, dos sucesivos Comités Centrales del Partido Comunista" (Gonzalo Vial).

Las embajadas se llenan con refugiados que buscan el camino del exilio para salvar sus vidas. Se inicia así un flujo incontenible de chilenos que parten al destierro.

El índice de inflación alcanza el 508,1%, el más alto de la historia del país.

1974 En marzo la Junta de Gobierno da a conocer una Declaración de Principios en la que se anuncia la decisión de crear "una nueva institucionalidad".

1974 En Barcelona, España aparece *Confieso que he vivido*, memorias del poeta Pablo Neruda. Poco antes se ha publicado, también en Barcelona, *Perso-*

En junio se crea oficialmente la Dirección de Inteligencia Nacional, Dina, que coordinará en lo sucesivo toda la labor de inteligencia y represión del gobierno. La Junta nombra al frente de ella al coronel Manuel Contreras.

Ese mismo mes el general Augusto Pinochet es proclamado Jefe Supremo de la Nación y seis meses después será oficialmente designado Presidente de la República.

Se forma el Comité pro Paz de la Iglesia Católica, que marca el comienzo de la crisis en las relaciones entre la Iglesia y el gobierno militar.

En septiembre mueren en una calle del barrio Palermo de Buenos Aires el general Carlos Prats y su esposa, víctimas de un atentado a la bomba. El crimen nunca ha sido esclarecido, aunque todo apunta a la DINA.

A fines de año nace la Agrupación de Familiares de Detenidos Desaparecidos.

Con el recrudecimiento de la represión crece la ola de chilenos que elige el camino del destierro. Tanto por razones políticas como económicas, con los años la cifra de exiliados llega –según datos de la Iglesia Católica– a cerca de cuatrocientos mil personas, que se reparten en cerca de cuarenta países.

En Roma inicia su publicación *Chile-América*, la revista política del exilio de más interés. Dura hasta 1986.

En el cerro Tololo, cerca de La Serena, se inaugura el mayor telescopio astronómico del país y uno de los más potentes del mundo.

na non grata, relato testimonial de Jorge Edwards de su gestión como embajador chileno en Cuba socialista.

Una novela corta de Adolfo Couve, *El picadero*, aparece como una de las escasas muestras literarias de interés en un año de desoladora sequía cultural.

Comienza un período de desmantelamiento del cine chileno: se cierran estudios de filmación y se clausuran los centros universitarios de producción, formación y difusión. Se produce un éxodo masivo de cineastas, intérpretes y técnicos.

Se extrema la censura cinematográfica, incorporando a su reglamentación el rechazo a las películas "contrarias al orden público", las que induzcan a la comisión de acciones delictuosas y a las que propaguen "doctrinas de corte marxista". En los once años siguientes, se prohibirá la exhibición de más de 340 largometrajes.

Jorge Müller, camarógrafo de las películas de Patricio Guzmán, es detenido y desaparece. Igual suerte corre la actriz Carmen Bueno.

Se filma en Chile *A la sombra del sol*, dirigida por Silvio Caiozzi y Pablo Perelman, con Luis Alarcón y otros, una suerte de "Fuenteovejuna" a la criolla.

En Chile aparece un video grabado por Ictus, el primero de lo que será una larga lista de videos producidos en todos los años siguientes. Será una forma de cine chileno alternativo.

En Francia se estrenan *La tierra prometida*, de Miguel Littin y *Diálogo de exiliados*, de Raúl Ruiz, consideradas las películas inau-

Cultura, espectáculos

gurales del cine del exilio. La primera fue filmada en Chile durante 1973 y montada en el extranjero. La segunda, rodada en París, nunca ha sido exhibida en Chile.

Se inicia en el exilio un período de filmación de numerosos documentales, la mayoría de contenido político y de denuncia de la dictadura militar. En Unión Soviética, Francia, Cuba, Finlandia, República Democrática Alemana, Canadá, México y otros países, ruedan Sebastián Alarcón, Alvaro Ramírez, Sergio Castilla, Valeria Sarmiento, Angelina Vásquez, Claudio Sapiaín, Douglas Hübner, Juan Forch, Leutén Rojas, entre otros.

En Santiago, ese año, en el cine Huérfanos la película *Jesucristo superestrella* se mantiene en cartelera durante 76 semanas. La Censura, por su parte, prohibe la exhibición de *El último tango en París*.

Política, sociedad

1975 Para paliar los efectos de la recesión económica y sus graves consecuencias como el aumento de la cesantía, el gobierno pone en marcha el llamado Programa del Empleo Mínimo, Pem, que llegará a comprender con los años a cerca de doscientas mil personas.

La Junta define una política económica de rigurosa línea neoliberal.

Con miras a prevenir un pacto posible entre Bolivia y Perú, en un momento en que las relaciones con esta última nación han estado al borde mismo de la guerra, se produce el llamado "abrazo de Charaña" entre Pinochet y Hugo Banzer, que normaliza las relaciones entre ambos países, interrumpidas durante trece años.

En Roma, Italia, un grupo terrorista de derecha atenta contra la vida de Bernardo

Cultura, espectáculos

1975 Se publica en España *Tejas verdes*, del poeta y novelista Hernán Valdés, lacerante novela-testimonio en que el escritor relata su prisión y torturas a manos de la DINA. El golpe de Estado es recreado también, aunque desde un ángulo muy diferente, en la novela *Soñé que la nieve ardía*, de Antonio Skármeta.

Aparecen la novela *Ventana al sur*, de Enrique Valdés, y el libro de poemas *Oh buenas maneras*, de Omar Lara.

En diversos campos de concentración –Puchuncaví, Ritoque, Tres Alamos–, desarrolla una notable labor artística el grupo teatral El Aleph, cuyos integrantes, incluido su director, Oscar Castro, son prisioneros políticos.

Helvio Soto presenta en Francia *Llueve sobre Santiago*, filmada en Bulgaria y Argelia,

Leighton y de su esposa. Todos los indicios apuntan a la DINA.

Aparece en Estados Unidos el documento llamado *Acción encubierta en Chile: 1963-1973*, conocido también como "Informe Church". Es el producto de las investigaciones realizadas por un Comité Especial del Senado norteamericano que pusieron en descubierto la intervención en Chile de la CIA y los Departamentos de Estado y Defensa, para influir en las elecciones presidenciales de la década, impedir el ascenso de Allende al mando, sabotear y desestabilizar su gobierno e impulsar y contribuir a la realización el Golpe de Estado.

Comienza a operar en Iquique la Zona Franca, prevista como palanca para impulsar el desarrollo económico de la región.

Desaparece definitivamente el diario *La Unión* de Valparaíso, al rematarse en subasta pública sus instalaciones.

Fallece Angela Lois, la última de los onas, con la cual desaparece una raza aborigen que pobló la Tierra del Fuego sin haberse mezclado jamás con la población chilena.

Dos terremotos sufre el país en el año: en marzo, uno de 6,9 ° que afecta a Coquimbo y La Serena, y en mayo en la Isla Mocha, donde alcanza 7,7 °.

Comienza a operar un nueva lotería: los pronósticos deportivos denominados "Polla Gol", cuyas utilidades irán en beneficio de la Dirección General de Deportes.

Inicia su recorrido inaugural el tren Nº 001 del Metro de Santiago, que da la partida al nuevo servicio de transportes de la capital.

que reconstruye escenas del golpe de Estado, incluso la muerte de Allende. Actúan Jean Louis Trintignant, Annie Girardot y otros intérpretes franceses. La música es de Astor Piazzola.

Armand Mattelart y Chris Marker filman el largo documental francés *La espiral* sobre el golpe militar. Es el comienzo de una extensa lista de películas hechas por cineastas extranjeros sobre el drama chileno. Entre ellos, el soviético Roman Karmen, el alemán Peter Lilienthal, el mexicano Carlos Ortiz Tejeda, los cubanos Santiago Alvarez y Humberto Solás, el australiano David Bradbury, los franceses Bruno Muel y Théo Robichet, los ingleses Stanley Forman y Martin Smith, y varios más.

Con *El golpe blanco*, se completa la trilogía sobre el golpe militar chileno, filmada por los documentalistas alemanes de la República Democrática Alemana, Heynowski & Scheumann. Los otros títulos son: *La guerra de los momios* y *Yo fui, yo soy, yo seré*.

En Santiago arrasa con la taquilla *El exorcista*, que se exhibe acompañada de una frenética campaña publicitaria, tras haber sufrido cortes exigidos por la Censura para dar paso a su exhibición. En el foyer del cine Santiago, la Cruz Roja atiende los casos de perturbaciones estomacales y de taquicardia que producía la película.

Queda oficialmente inaugurado el Paso Internacional Los Libertadores, que une a Chile y Argentina en una ruta que pasa a más de tres mil metros sobre el nivel del mar.

Al sur de las islas Navarino aparecen varadas en la playa más de 120 ballenas, la mayor catástrofe ecológica de este carácter producida en el país.

1976 Disuelto el Comité Pro-Paz, debido a las presiones del gobierno militar, Monseñor Silva Henríquez decide organizar la Vicaría de la Solidaridad, que cumplirá durante los años de la dictadura una labor fundamental en la denuncia de las violaciones de los derechos humanos y en la protección de los perseguidos.

Con la llegada de Sergio de Castro al ministerio de Hacienda, Pablo Barahona en Economía y Alvaro Bardón en la presidencia del Banco Central, se configura el equipo que fijará las líneas de la economía neoliberal del gobierno. Los tres son fieles seguidores de la llamada "escuela de Chicago", lo que origina el apelativo de *Chicago boys*.

Chile abandona el Pacto Andino.

Luis Corvalán, confinado en ese momento en Tres Alamos, es canjeado en Zurich por el disidente soviético Vladimir Boukovski.

El 21 de septiembre es asesinado en Washington el ex canciller Orlando Letelier. Una bomba estalla en su automóvil, matándolos a él y a su secretaria norteamericana. En Chile, mientras tanto, los asesinatos no cesan: produce horror el de la dirigente comunista Marta Ugarte, cuyo cuerpo desnudo y destrozado es hallado en una playa desierta.

Se funda la Corporación del Cobre, Codelco,

1976 Se da el Premio Nacional de Literatura al ingeniero y ensayista Arturo Aldunate Phillips. Este galardón, así como los que se otorgan en los años que vienen, a Rodolfo Oroz o Enrique Campos Menéndez, entre otros, concitan un legítimo repudio. Son algunos de los signos de la decadencia cultural del período de la dictadura.

Muere Enrique Búnster (1912-1976), narrador, dramaturgo y ensayista, autor de una extensa obra: *El bombardeo de Valparaíso y otros relatos, Mar del Sur, Chilenos en California, Lord Cochrane, Aromas de Polinesia*, y otros títulos.

Se publica en México *En este lugar sagrado*, novela de Poli Délano. En Chile aparecen dos novelas cortas de Adolfo Couve, *El tren de cuerda* y *El Parque*, y el libro de poemas *Lobos y ovejas*, de Manuel Silva Acevedo.

El teatro Ictus presenta *Pedro, Juan y Diego*, de David Benavente, obra inaugural de un ciclo que se atreve a incursionar en temas sociales y políticos conflictivos, aunque con un tratamiento en que se mezclan el humor y el sesgo metafórico. En una línea similar se presentan ese año y los siguientes *Tres Marías y una Rosa, El último tren, Los payasos de la esperanza, Carrascal 4000, Cero a la izquierda Te llamabas Rosicler, ¡Viva Somoza! ¿Cuántos años tiene un día?* y otras obras.

ente estatal que se ocupa de la explotación y comercialización del cobre.

Se fundan las revistas *Análisis, Apsi* y *La Bicicleta.* todas ellas de oposición.

Silvio Caiozzi rueda *Julio comienza en Julio.* Tuvo un notable éxito de público y de crítica, y ha sido premiada en varios festivales.

En el Festival de Cannes se exhibe *Actas de Marusia*, de Miguel Littin, filmada en México. Actúa Gian Maria Volonté, música de Mikis Theodorakis. Está inspirada en una novela homónima de Patricio Manns. En alguna publicidad se la anuncia como "la represión más brutal jamás filmada".

Por decreto-ley Nº 1600 se establece el IVA que graba la comercialización de los libros.

1977 Augusto Pinochet pronuncia en el cerro Chacarillas, en los actos conmemorativos del combate de La Concepción –ante un millar de antorchas que portan integrantes del Frente Juvenil de Unidad Nacional–, un discurso en el que define las líneas de la "nueva democracia", "autoritaria, protegida, integradora, tecnificada y de auténtica participación social".

El gobierno decide disolver la DINA, cuyo jefe, el coronel Manuel Contreras, es mirado con recelo por algunos miembros de la Junta. Acusada, además, de estar tras el asesinato de Letelier, Pinochet decide su disolución y reemplazo por la Central Nacional de Informaciones, CNI.

En los cincuenta del Cuerpo de Carabineros, *El Mercurio*, (27-IV-1977) dice en un artículo editorial lo siguiente: "Puede decirse sin exageración que Carabineros de Chile es la creación original más destacada en nuestra historia del presente" (porque) "no aparece ni en el campo de la inventiva artística o científica ni en el terreno institucional algo tan singular a la vez que tan asimilado a la mentalidad y hábitos chilenos como nuestra policía uniformada".

1977 Surgen en el país diversas manifestaciones artísticas en que se mezcla la creación con la protesta política: Acciones de Arte, Performances, Arte Corporal. Participan en ellas pintores, fotógrafos, escritores, entre ellos, Eugenio Dittborn, Carlos Altamirano, Juan Downey, Diamela Eltit, Raúl Zurita, Lotty Rosenfeld y otros.

Nicanor Parra publica *Sermones y prédicas del Cristo de Elqui*, calificado por el crítico Ignacio Valente como "la creación poética más notable de los últimos años en Chile e Hispanoamérica". No poco interés despierta también *La nueva novela*, fundamental libro de poemas de Juan Luis Martínez.

El teatro La Feria presenta un montaje titulado *Hojas de Parra,* basado en poemas de Nicanor Parra, cuyas exhibiciones se interrumpen cuando la carpa en que se exhibía es incendiada por manos anónimas. A pesar de este atentado –signo del clima represivo que se vive– el movimiento teatral se muestra activo con los grupos Ictus, Imagen, TIT, Del Angel, La Falacia, Teniente Bello, entre otros, y los festivales que organizan el Taller 666 y la ACU, Agrupación Cultural Universitaria.

Política, sociedad	Cultura, espectáculos

Política, sociedad

El boxeador Martín Vargas disputa el título mundial de los peso mosca en septiembre y noviembre del año, siendo vencido por puntos en las dos ocasiones.

El bosque del Parque Nacional Fray Jorge, situado a 80 km. al sur de La Serena, es declarado por la Unesco Reserva Mundial de la Biósfera, por sus notables propiedades naturales.

Cultura, espectáculos

Aparece *Poesía, situación irregular*, de Enrique Lihn.

Sebastián Alarcón filma en Moscú el largo documental *La noche sobre Chile*, recreación de los días inmediatamente posteriores al golpe de Estado.

La vocación suspendida, de Raúl Ruiz, con actores franceses. Una metáfora de las querellas intestinas de la Unidad Popular.
Aparecen en España dos libros: *La batalla de Chile. La lucha de un pueblo sin armas*, de Patricio Guzmán, en que se relata el itinerario de la filmación de su trilogía documental.

En Estados Unidos realiza *Yanomami Healing One*, el videasta chileno Juan Downey, que desarrolló una labor calificada al nivel de los mejores videastas internacionales.

Se exhibe en el cine Normandie *La cenicienta*, de Walt Disney, durante dos años y ocho meses. Es el film que ha permanecido más tiempo en pantalla en toda la historia de las proyecciones cinematográficas en Chile.

Veinte colegios suspenden sus clases para que sus alumnos puedan ir al aeropuerto de Pudahuel a recibir a El Chapulín, ídolo de programas infantiles de la televisión.

Política, sociedad

1978 Se realiza una Consulta Nacional –cuestionada en cuanto a su legitimidad por la oposición– en que una mayoría de los votantes manifiesta su apoyo al gobierno frente a las reiteradas condenas acordadas por las Naciones Unidas por violaciones a los Derechos Humanos.

Por su pugna con el general Pinochet, el general Gustavo Leigh es destituido de su cargo

Cultura, espectáculos

1978 Se publica en España la novela *Casa de campo*, de José Donoso, alegoría sobre el golpe de Estado de septiembre del 73.

La publicación de las *Cartas de amor de Gabriela Mistral*, compiladas por Sergio Fernández Larraín, inicia una serie de epistolarios que aparecerán en los años siguientes. La vasta correspondencia persode jefe de la Fuerza Aérea y de su calidad de miembro de la Junta de Gobierno. Junto con él, pasan a retiro una veintena de generales de la FACH. En reemplazo de Leigh asume el cargo el general Fernando Mathei.

En enero y febrero se reúnen los presidente de Chile y Argentina, Augusto Pinochet y Jorge Rafael Videla, para buscar una solución a los problemas que mantienen tensas las relaciones entre los dos países. La situación, sin embargo, lleva la tensión al límite mismo del conflicto armado, evitándose éste sólo a última hora gracias a la mediación papal.

Se dicta una Ley de Amnistía que libra de culpa a quienes hayan cometido delitos durante la vigencia del Estado de Sitio entre el 11 de septiembre del 73 y el 10 de marzo de 1978.

En una mina abandonada en Lonquén se descubren los restos de catorce campesinos que habían sido secuestrados por Carabineros en octubre del 73.

Comienza a funcionar la televisión a color, y en una transmisión en la que participan durante 27 horas todos los canales del país, se realiza la primera Teletón, destinada a reunir fondos de ayuda para la atención de los niños lisiados. La animación está a cargo de Mario Kreutzberger (Don Francisco). La llegada del color produce una explosión en las ventas de aparatos de TV, elevando su existencia en el país a 1.450.000.

nal de la poetisa comprende unas 50.000 piezas.

Aparece en Madrid el Nº 1 de la revista trimestral *Araucaria*, que recogerá durante doce años la producción intelectual de los chilenos en el exilio. Por las mismas fechas comienza a publicarse en Los Angeles, California, *Literatura chilena en el exilio*, y en Italia, *Chile-América,* concentrada en el análisis político. Son las tres revistas de más larga vida y tal vez las de mayor significación publicadas por el exilio chileno.

La censura está en pleno apogeo. Dos años y un mes tuvo que esperar Bernardo Subercaseaux para que finalmente fuera autorizada la publicación de su libro *Gracias a la vida*, dedicado a Violeta Parra. "Cuánto tiempo para leer 135 páginas", comenta el autor con amargura.

Comienza a funcionar un Taller de Escritores dirigido por Enrique Lafourcade, inaugurando una línea de trabajo que cobraría en los años siguientes una singular importancia en el desarrollo de las letras nacionales. Los Talleres se contarán por docenas, alcanzando algunos un notable relieve: los de José Donoso, Poli Délano, Antonio Skármeta, Pía Barros, entre muchos otros.

El Grupo Imagen presenta la obra dramática *Lo crudo, lo cocido, lo podrido*, de Marco Antonio de la Parra, que dos días antes de su estreno original había sido prohibida por la Universidad Católica, cuyas autoridades sostienen que "las groserías y ofensas que contiene la obra no las puede difundir la universidad". De la Parra desarrolla con posterioridad una extensa e importante labor como creador teatral: *King Kong Palace, Dostoievski va a la playa,* Matatangos, El deseo de toda ciudadana, La secreta obscenidad de cada día, El continente negro, La pequeña historia de *Chile*, y una decena de títulos más.

Basada en la novela de Alejo Carpentier, Miguel Littin estrena su película *El recurso del método*, llamada también *¡Viva el presidente!,* con Nelson Villagra. Filmada en Cuba, se exhibió en varios festivales internacionales y se dio en Chile en la década del 90.

La hipótesis del cuadro robado, de Raúl Ruiz, sobre un pintor imaginario al que utiliza para satirizar los programas de televisión dedicados al arte, es elegida por la revista francesa *Cahiers du Cinéma,* a finales de los años 70, como una de las diez mejores películas de la década.

La Televisión Francesa exhibe un reportaje sobre la dictadura militar chilena del cineasta español José María Berzosa, dividido en cuatro partes de una hora de duración cada una, denominado *Chile-impresiones* ("Los bomberos de Santiago", "Viaje al corazón de la derecha", "La felicidad de los generales" y "El señor presidente"), filmado íntegramente en Chile.

Los alemanes Heynowski & Scheumann filman *Los muertos no callan*, testimonios sobre los asesinatos de José Tohá y Orlando Letelier. Los cineastas completan con esta película un impresionante conjunto de once films dedicados al caso chileno, de los cuales siete son largometrajes.

Gran escándalo produce la realización del Festival Musical de la OTI en el Teatro Municipal, por considerar muchos que el nivel artístico del certamen no se condice con el prestigio del teatro. El representante chileno en el Festival es Florcita Motuda.

1979 Se aprueba el llamado Plan Laboral, que modifica radicalmente toda la normativa vigente hasta entonces sobre cuestiones sindicales, negociaciones salariales y otras materias relacionadas con el trabajo.

El Departamento de Estado de los Estados Unidos suspende la venta de armas a Chile, así como las ayudas y financiamientos a los proyectos gubernamentales.

El territorio chileno es dividido por ley en doce regiones más una Región Metropolitana. La medida tiende a desarrollar una progresiva descentralización en el gobierno de las provincias.

Víctor Contreras, apodado "Tiburón", cruza a nado el Estrecho de Magallanes en 1 horas 28 minutos.

Santiago registra el más alto nivel de contaminación atmosférica de su historia: 444 microgramos de polvo en suspensión por metro cúbico.

1979 Raúl Zurita (1951) publica su libro *Purgatorio*. La crítica saluda al autor como el nuevo gran exponente de la poesía chilena.

Un poema de Eduardo Carrasco publicado en Francia sintetiza una buena parte de las ansiedades que vive el exiliado chileno: *Desde el 11 de septiembre de 1973 / estoy parado / en la esquina de Saint-Michel / con Saint-Germain / esperando que pase la Pila-Cementerio.*

Fallecen en el exilio, en París, el historiador Hernán Ramírez Necochea, autor de *Balmaceda y la contrarrevolución de 1891, Historia del movimiento obrero, Antecedentes económicos de la Independencia de Chile, Orígenes del Partido Comunista de Chile*, y otras obras; y el escritor Guillermo Atías (1917-1979), autor de las novelas *El tiempo banal*, *A la sombra de los días, Y corría el billete*. En Francia publicó *Le sang dans la rue*, versión de la novela *La contracorriente,* que nunca ha sido publicada en español.

Alicia Vega publica *Re-visión del cine chileno.*

El director Gustavo Meza monta *Testimonio sobre las muertes de Sabina*, obra de un debutante, Juan Radrigán, autor de otras piezas teatrales importantes: *Hechos consumados, El toro por las astas, Las brutas, El invitado*, *Redoble fúnebre para lobos y corderos.*

Eugenio Dittborn, Juan Downey, Lotty Rosenfeld y otros realizan diversos videos, dentro del marco de las llamadas "acciones de arte", manifestaciones en su mayoría pensadas como formas de protesta contra la dictadura.

En el Festival de Cine de Moscú se realiza una mesa redonda denominada "Orientación y perspectivas del cine chileno", con participación de cineastas chilenos del exilio.

En Cuba se filman *Prisioneros desaparecidos*, largometraje de Sergio Castilla con Nelson Villagra, y *Los ojos como mi papá*, documental de Pedro Chaskel.

nació en El Carmen Prov. de Ñuble

1980-1989

4 de octubre de 1988. El No se impone en el plebiscito. El gobierno militar está llegando a su fin.

Foto de Alvaro Hoppe.

Política, sociedad

1980 Con motivo del llamamiento a la realización de un plebiscito donde se decidirá el destino de una nueva Constitución, el gobierno autoriza la primera manifestación política pública realizada en todos esos años por la oposición. En el acto, realizado en el teatro Caupolicán, el orador principal es el ex presidente Eduardo Frei Montalva.

El 11 de septiembre, el 67% de los votantes –con resultados que en buena medida, según la oposición, se deben al fraude– aprueban en un plebiscito el texto de la nueva Constitución propuesta por el gobierno del general Pinochet, que reemplaza la de 1925. Con ello queda definitivamente legalizada la institucionalidad surgida en Chile con el golpe de Estado de 1973.

Continúa el plan que contempla el traspaso de la enseñanza pública desde el ministerio de Educación a las Municipalidades. Según informa la prensa, 270 "escuelitas" en que se educan más de 60 mil niños cambian ese año su dependencia.

El fervor en la aplicación de las políticas neoliberales da origen a no pocas reacciones. Joaquín Luco, Premio Nacional de Ciencias, declara que "si la salud debe autofinanciarse y la educación debe autofinanciarse, yo exijo que las Fuerzas Armadas también se autofinancien..."

Hacia fines del año, el partido Comunista anuncia la adopción de una línea política que establece la legitimidad de "todas las formas de lucha" para derribar al gobierno de Pinochet. Con esto oficializa la idea de una eventual insurrección armada.

Cultura, espectáculos

1980 Recibe el Premio Nacional de Literatura Roque Esteban Scarpa (1914-1995), poeta, crítico y ensayista, autor de numerosos libros. Ha hecho una contribución esencial en la labor de rescate de la prosa de Gabriela Mistral.

Aparece *En los más espesos bosques*, cuentos de Jaime Hagel, autor de *Bárbaros y delicados, Con la lengua afuera*, y otros libros de relatos.

Muere Gustavo Le Paige (1903-1980), sacerdote belga que desarrolló una importante labor de investigación arqueológica en la zona de San Pedro de Atacama.

Se desarrolla el video como forma de cine alternativo, gracias a la iniciativa de organismos como ECO, Proceso, Canelo de Nos, Ictus, Vitel y la Vicaría de la Pastoral Obrera. El año anterior en el comercio local han empezado a comercializarse los videocassettes.

El teatro Ictus presenta *Lindo país con vista al mar*, de Marco Antonio de la Parra, Darío Oses y Jorge Gajardo. El primero de los tres es autor de obras que representan "una huida del realismo", una preferencia "por la poesía o el absurdo antes que copiar más o menos exactamente el mundo que vemos" (J.A. Piña).

Los cineastas del exilio siguen activos: Miguel Littin filma en México *La viuda de Montiel*, versión libre de un cuento de Gabriel García Márquez; *Santa Esperanza*, de Sebastián Alarcón, largometraje argumental filmado en la Unión Soviética, se inspira en la vida del campo de concentración de

Chacabuco. Raúl Ruiz realiza en Francia, entre otros títulos, *El juego de la oca*, *El oro gris; y* Valeria Sarmiento filma *Gente de todas partes, gente de ninguna parte,* documental sobre la vida de los exiliados.

Muere Jorge Délano "Coke" (1895-1989), que aparte de su trayectoria como cineasta desarrolló una prolongada e importante labor como caricaturista en *El Diario Ilustrado, La Nación, El Mercurio* y, sobre todo, en la revista satírica *Topaze,* de la que fue fundador y director.

Cambios en las salas de cine de Santiago: algunos de los antiguos grandes recintos, como el Toesca, el Continental, el Metro, se cierran y otros se dividen dando paso a salas más pequeñas; se privatizan los cines que pertenecían a las Cajas de Previsión y a Chile Films: la firma Conate aumenta sus patrimonio a 20 salas; se acentúan las diferencias entre los cines del centro y del Barrio Alto, tanto en el público que reciben como en el material que exhiben: los films de sexo y violencia se proyectan en el centro, reservando las salas del oriente de la capital para las películas más selectas.

Continúa, por otra parte, el descenso en el número de salas existentes en Santiago. Este año se registran 49, contra 75 que funcionaban en 1970 y 95 en 1960.

1981 Se pone en vigor una nueva legislación que transforma a fondo la enseñanza superior en el país. Se pone fin a la enseñanza gratuita en las universidades y se amplían las facilidades para el establecimiento de universidades privadas. Las universidades de Chile y Técnica del Estado sufren una renovación radical, desapareciendo las antiguas sedes regionales, que pasan a transformarse en nuevas universidades,

1981 Se publica *El carácter chileno*, de Hernán Godoy Urzúa. En este libro, el autor sostiene que "algunos defectos del carácter chileno parecen surgir de la misma exageración de sus cualidades cuando, por ejemplo, la mesura se extrema para convertirse en inexpresividad, el estoicismo en fatalismo, la hospitalidad en obsequiosidad, el espíritu reflexivo en criticismo corrosivo, la receptividad de lo extranjero en imi-

Institutos Profesionales y Centros de Formación Técnica. La Universidad Técnica del Estado cambia de nombre y pasa a llamarse Universidad de Santiago de Chile.

El 11 de marzo entra oficialmente en vigencia la nueva Constitución Política del Estado.

Se modifica sustancialmente el régimen previsional de los trabajadores, con la puesta en funciones de las Administradoras de Fondos de Pensiones, AFP, organismos financieros privados que reemplazan a las antiguas cajas de previsión. Los trabajadores, conforme a la nueva legislación se hacen cargo de sus propias cotizaciones previsionales, y la parte patronal estará afecta a un tributo transitorio del 3% que desaparecerá a partir del año 84. Se suprimen los fondos que cubrían los seguros de cesantía y las asignaciones familiares.

Un decreto del ministerio del Interior establece la censura al libro, al disponer que éste sólo podrá circular previa autorización ministerial. Se da así cobertura legal a una práctica que se venía aplicando desde setiembre de 1973.

Se crea el Fondo de Desarrollo Científico y Tecnológico, Fondecyt.

Con el Cosmocentro Apumanque se inaugura el primer centro comercial conforme al estilo norteamericano llamado *mall*.

En Calama, el agente de la oficina local del Banco del Estado y el cajero, son secuestrados, asesinados y sus cuerpos despedazados con dinamita en medio del desierto. El motivo: robar 45 millones de pesos. Los autores materiales: el jefe local de la Central Nacional de Informaciones y su adjunto; el autor intelectual: el mayor de Ejército Juan Delmas,

tación alienadora, el amor patrio en chovinismo, el sentido del ridículo en inhibición de la espontaneidad, el espíritu realista en mediatismo sin horizonte, la prudencia en parálisis para grandes tareas, la generosidad en derroche, etc."

Mario Góngora publica *Ensayo histórico sobre la noción de Estado en Chile en los siglos XIX y XX*.

Aparecen la novela *Los recodos el silencio*, de Antonio Ostornol, *Mal de amor*, poemas de Oscar Hahn, *Qué te pasó, Pablo*, libro de crónicas de Pablo Huneeus, y el ensayo *Introducción a la literatura,* del crítico Ignacio Valente.

En el Caupolicán una gran multitud acude a escuchar a Los Jaivas. Es su primer concierto tras seis años de ausencia en su exilio voluntario en Francia. En ese país graban ese año "Alturas de Machu Picchu", basado en el poema de Neruda.

En el documental *Una foto recorre el mundo,* filmada en La Habana, Pedro Chaskel cuenta el origen de la célebre fotografía del Che Guevara que luego recogieron banderas, insignias, prendas de vestir, etc. en los más diversos países.

El territorio, El techo de la ballena y *El tuerto*, tres largometrajes de Raúl Ruiz, filmados en Francia y Portugal el primero, en Holanda el segundo, y en Francia el último.

La teleserie *La madrastra* –la primera a colores que se produce en el país– se convierte en un fenómeno cultural de masas sin precedentes: el país, sin distinción de capas sociales, vive pendiente de los avatares de la historia ideada por Arturo Moya Grau y protagonizada por Jael Unger. La tarde del 17 de jefe de la Oficina de la CNI de Arica. Estos "desdichados acontecimientos" son aprovechados, según el sacerdote Raúl Hasbún, "para lanzar una especie de baldón o estigma infamante sobre organismos de seguridad que la sociedad necesita absolutamente y que merecen nuestro respeto y gratitud".

Se inaugura la central hidroeléctrica Antuco que, conjuntamente con las centrales Abanico y El Toro, alimentadas todas ellas con las aguas del lago Laja, constituyen uno de los complejos generadores de electricidad más importantes del país.

1982 La devaluación del peso y el decreto que termina con el valor fijo del dólar marca el fin de la política monetarista vigente desde 1975, y desencadena una aguda crisis económica.

Muere Eduardo Frei Montalva (1911-1982), presidente de la República entre 1964 y 1970.

Es asesinado Tucapel Jiménez, presidente de la Agrupación Nacional de Empleados Fiscales, Anef, connotado opositor del gobierno militar.

Abre sus puertas la Universidad Gabriela Mistral, la primera universidad privada autorizada conforme a la nueva legislación sobre enseñanza superior. Su Rectora es una antigua funcionaria de la dictadura.

Según datos del XIII Censo Nacional, la población de Chile llega a los 11.329.736 habitantes.

setiembre, día en que se transmite el capítulo final, Santiago se paraliza: todo el mundo está instalado frente a su televisor.

1982 Muere Jorge Millas (1915-1983), ensayista y filósofo, autor de *Idea de la individualidad* y *Ensayos sobre la historia espiritual de Occidente*, entre otras obras.

Se publica en Argentina la novela *Ardiente paciencia*, de Antonio Skármeta. Hay una versión teatral y al cine fue adaptada por el propio Skármeta en un film realizado en Portugal en 1983, con Roberto Parada en el papel de Pablo Neruda. Con el título de *El cartero* se hace en Italia, en 1995, una nueva versión fílmica. Esta vez Neruda es interpretado por el actor francés Philippe Noiret.

En España aparece la primera edición de la novela *La casa de los espíritus*, de Isabel Allende, que convierte luego a su autora en uno de los escritores más leídos de la lengua española. La obra ha sido traducida a más de una docena de idiomas. En los años siguientes irán apareciendo nuevas novelas suyas: *De amor y de sombras, Eva Luna, El plan infinito*, *Paula*.

El Premio Nacional de Literatura se otorga, no sin reservas de parte de algunos críticos, a Marcela Paz, creadora del popular "Papelucho". Es la tercera mujer en recibir el galardón. El siglo termina sin que lo obtenga ninguna otra escritora.

El llamado "teatro poblacional" se presenta como uno de los fenómenos característicos de la cultura popular del momento. Proliferan los grupos: La Cantimplora, el Taller Engranaje, el Teatro El Riel y una docena más de conjuntos.

La película *Alsino y el cóndor* se inspira en el tema de la novela de Pedro Prado para desarrollar una historia de la revolución sandinista. Es una coproducción nicaragüense, costarricense, cubana y mexicana, realizada por Miguel Littin.

Valeria Sarmiento filma en Costa Rica el documental *El hombre cuando es hombre,* que aborda el problema del machismo latinoamericano. Su exhibición en París provoca una carta pública de protesta del embajador costarricense.

En el Festival de Cannes se exhibe *Missing (Desaparecido),* de Costa Gavras, con Jack Lemmon y Sissy Spacek, que recrea la historia de un periodista norteamericano asesinado en Chile durante el golpe de Estado. Recibe la Palma de Oro del Festival. La película nunca se ha exhibido comercialmente en Chile.

Se funda, bajo la dirección de Alex Doll y Sergio Salinas, el Cine-Arte Normandie, en la sala del viejo teatro del mismo nombre existente desde hace muchos años en la Alameda cerca de la Plaza Italia. Se convierte en esos años en un mítico lugar de encuentro.

La novela *El socio*, de Jenaro Prieto, es llevada de nuevo al cine, ahora por el francés René Gainville, con el título *L'associé.*

1983 La oposición se organiza en dos bloques políticos: la Alianza Democrática, cuyo partido eje es la Democracia Cristiana, y el Movimiento Democrático Popular, integrado por comunistas y socialistas.

En el mes de mayo se realiza una Jornada de Protesta Nacional, la primera de un total de seis manifestaciones similares más, en todas las cuales participan amplios sectores de la población. A pesar de la violencia de las medidas represivas, la magnitud de la movilización popular obliga al gobierno a flexibilizar ciertos aspectos de su política, entregando a un civil el ministerio del Interior.

En noviembre se realiza en el Parque O'Higgins la primera concentración opositora al aire libre autorizada en todos esos años.

Se funda la Unión Demócrata Independiente, UDI, partido que dirige el líder católico gremialista Jaime Guzmán.

Juan Francisco Fresno es designado nuevo Arzobispo de Santiago. Su designación es acogida con beneplácito por el gobierno de

En Punta del Este, Uruguay, con motivo del Simposio Internacional de Escultura al Aire Libre, Mario Irarrázaval levanta en la playa su primera mano monumental, que emerge de la arena: el dedo mayor tiene cuatro metros y medio de alto. Esculturas similares levantará después en Madrid y diversas ciudades de Chile.

En el liceo Nº 6 de la comuna de San Miguel, nace el grupo Los Prisioneros, llamado originalmente Los Vinchukas, que se convertirá en el más importante conjunto musical en la historia del rock chileno.

1983 En el mes de julio se eliminan las restricciones legales que hasta entonces ponían trabas a la libre circulación del libro. Ninguna obra podía publicarse o internarse en el país en los últimos diez años sin previa autorización oficial.

Se publica la novela experimental *Lumpérica,* de una nueva escritora, Diamela Eltit. Con los años, tanto el libro como su autora se convierten en temas de culto.

Ariel Dorfman publica la novela *La última canción de Manuel Sendero*, y de Enrique Lihn aparece el libro de poemas *El Paseo Ahumada.*

Jorge López realiza *El último grumete de la Baquedano*, basada en la novela de Francisco Coloane.

Aparece el número 1 de la revista cinematográfica *Enfoque*, que se publicará en forma discontinua durante siete años.

Paralelamente al comienzo de las protestas contra la dictadura, surgen los reportajes fílmicos sobre el tema.
Uno de los primeros, *Somos más,* lo ruedan

Política, sociedad	Cultura, espectáculos

Pinochet. "Dios nos ha oído", dicen que comentó la esposa del General.

A fines del año se anuncia la formación el Frente Patriótico Manuel Rodríguez, FPMR, que ha declarado en forma explícita que no rehuirá la violencia en su lucha contra la dictadura.

La quiebra del sistema financiero golpea gravemente los intereses de varias decenas de miles de ahorrantes.

Un muchacho de 17 años declara que la Virgen se le ha aparecido en la cumbre del cerro Membrillar, en Peñablanca, cerca de Valparaíso. Aunque la Iglesia pone todo en duda, se crea una fundación y convierten el sitio –rebautizado como Montecarmelo– en lugar de peregrinación. El muchacho resulta ser con los años un transexual, y muchos sostienen que la historia fue una hábil maniobra diversionista del gobierno. A pesar de todo, en los cinco años siguientes, centenares de miles de peregrinos visitan el lugar.

Pablo Salas y Pedro Chaskel. Otros: *Chile, no invoco tu nombre en vano*, realizado por el colectivo Cine-Ojo, el montaje del film se hace en París; *Chile: donde comienza el dolor*, de Orlando Lübbert, realizado en Alemania con algún material recibido desde Chile; y *Fragmentos de un diario inacabado*, de Angelina Vázquez, *Los muros de Santiago*, codirigida por Carmen Castillo, y *Así golpea la represión* y *Rebelión Ahora*, de Rodrigo Gonçalves, rodados íntegramente en Santiago y procesados, respectivamente, en Finlandia, Francia y Suecia.

The Chicago Boys, video de Juan Downey.

La revista francesa *Cahiers du Cinéma* organiza en París una retrospectiva de los films de Raúl Ruiz y dedica un número especial al cineasta. Ese año, el director presenta lo que a juicio de muchos es la mejor película que ha hecho fuera de Chile, *Las tres coronas del marinero*, que puede ser vista como una parábola sobre el exilio. Realiza además un breve documental, *El regreso del amateur de bibliotecas*, que recoge sus impresiones de Chile en un fugaz primer retorno tras diez años de exilio.

Con la vuelta a Chile de algunos de los cineastas exiliados y los cambios experimentados en la situación política chilena, y en los propios contenidos de la producción cinematográfica, se cierra el ciclo del denominado "Cine chileno del exilio". El balance, tras la década transcurrida, arroja un total de 176 películas, de las cuales 56 son largometrajes, 34 mediometrajes y 86 cortometrajes. Las cifras no tienen paralelo en ningún período anterior o posterior de la historia del cine nacional.

Se presenta en el teatro Municipal el célebre bailarín Rudolf Nureyev.

1984 La revista *Cauce* denuncia las irregularidades cometidas en la adquisición por parte del general Pinochet de unos terrenos ubicados en El Melocotón, en la zona del Cajón del Maipo. Tras las denuncias está el senador Jorge Lavandero, quien sufre por este motivo un grave atentado.

En septiembre y octubre vuelven a producirse grandes movimientos de protesta contra el gobierno. En una acción policial muere el sacerdote francés André Jarlan. La Junta declara el Estado de Sitio y se clausuran seis revistas opositoras, quedando una séptima sometida al régimen de censura previa.

Gran impacto produce la entrevista de la periodista Mónica González al ex cabo de la FACH Andrés Valenzuela, quien relata sin ahorrar detalles, antes de abandonar el país, las circunstancias de todos los asesinatos y sesiones de torturas en que participó. Al estar clausurada la prensa de oposición, la entrevista se publica en diversos diarios y revistas extranjeros.

El diferendo entre Chile y Argentina por el Canal de Beagle queda definitivamente resuelto con la firma en el Vaticano de un Tratado de Paz y Amistad.

Se hace público el primer caso conocido de SIDA que se haya producido en Chile.

El país contabiliza 173 estaciones de radio. Según datos del World Radio & TV Handbook, en América Latina las emisoras radiales suman cerca de cuatro mil ochocientos.

1984 El Premio Nacional de Literatura recae en el poeta Braulio Arenas (1913-1988), animador del grupo surrealista La Mandrágora.

Aparece en Madrid la primera edición de *Neruda*, de Volodia Teitelboim, la más difundida de las biografías del poeta.

Se presenta *El Charles Bronson chileno*, largometraje de Carlos Flores, sobre "la manía chilena de la copia, de ser parecido a..."

En Portugal, Valeria Sarmiento rueda *Mi boda contigo*, largometraje basado en una novela de Corín Tellado.

Viene al país Claudio Arrau, a quien el año anterior se le ha acordado el Premio Nacional de Arte. Da un concierto en la Catedral, que pueden ver y oír miles de personas desde la calle, gracias a una pantalla gigante.

En la sala Gran Palace se presenta el argentino Charly García, estrella latinoamericana del rock.

Sale al mercado "La voz de los 80", la primera grabación del grupo Los Prisioneros, y se convierte en un resonante éxito de público.

1985 El 3 de marzo un terremoto grado 7,8 en la escala de Richter sacude las ciudades de Santiago, Valparaíso, Viña del Mar y otras localidades cercanas.

1985 Se publica en Madrid *El Libro Mayor de Violeta Parra*, biografía y selección antológica de la folklorista, preparada por Isabel Parra.

Política, sociedad

Las pérdidas de vidas son menos graves que en otras ocasiones –los muertos no llegan a las 200 personas– pero los destrozos materiales son considerables: las viviendas destruidas son casi 80 mil.

A fines de ese mismo mes se descubren los cuerpos de José Manuel Parada, Manuel Guerrero y Santiago Nattino, degollados por la fuerza policial, según se establece en un proceso que culmina nueve años después. El crimen produce conmoción nacional e internacional. A raíz de estos hechos, presionado por el escándalo, el gobierno se ve obligado a destituir de sus cargos en la Dirección de Carabineros y en la Junta de Gobierno al general César Mendoza, quien es reemplazado por el general Rodolfo Stange.

Con el auspicio del Cardenal Arzobispo Fresno, se suscribe el llamado Acuerdo Nacional para la Transición a la Plena Democracia, anunciador de ciertos signos de apertura política. Comprende todo el arco de la oposición, salvo los partidos y movimientos de extrema izquierda.

El asesinato de Alice Meyer, de 25 años, conmueve a la sociedad chilena. Hasta hoy subsisten dudas sobre el verdadero hechor del crimen.

5 de Enero muere Matilde Urrutia cantante y escritora esposa de Neruda nació en Chillán

Cultura, espectáculos

Aparecen la novela *De amor y de sombra*, de Isabel Allende, *Cuentos para-militares*, de Ariel Dorfmann, y *Huerfanías*, poemas de Jaime Quezada.

Jessica Ulloa publica *Video independiente en Chile*, que constata que entre 1978 y 1984 en el país se han producido alrededor de 200 videos, 18 de los cuales son argumentales de larga duración.

A fines de marzo Roberto Parada cierra la velada en que ha presentado *Primavera con una esquina rota,* de Mario Benedetti, con las siguientes palabras: "He hecho esta función dedicada a mi precioso hijo José Manuel, asesinado por esta dictadura, y también como homenaje a todos los que han caído este día luchando por la libertad y la democracia". El actor se había enterado del asesinato de su hijo cuando estaba por comenzar la función.

La compañía Teatro Fin de Siglo presenta *Cinema-Utoppia*, dirigida por su propio autor, Ramón Griffero, que se consagra como uno de los dramaturgos claves del período.

El exilio es tratado en la obra teatral *Regreso sin causa*, de Jaime Miranda. El tema se aborda también en *Ligeros de equipaje*, de Jorge Díaz, presentada en 1982 en Madrid.

Gonzalo Justiniano filma su primer largometraje, *Los hijos de la guerra fría*, con música de Jorge Arriagada.

Luis Vera, retornado del exilio rumano y sueco, donde realizó varios documentales, rueda *Hechos consumados*, basado en la obra homónima del dramaturgo Juan Radrigán.

Dulce patria, de Andrés Racz, documental filmado en Chile con el apoyo de la televisión

1986 El relator especial de las Naciones Unidas Fernando Volio da a conocer un lapidario informe sobre las violaciones a los derechos humanos que se cometen en Chile. Poco tiempo después, una brigada militar detiene a dos jóvenes mientras realizan propaganda mural contra la dictadura, los rocía con gasolina y les prende fuego. Rodrigo Rojas Denegri, fotógrafo, muere, y Carmen Gloria Quintana, seriamente quemada, es sometida durante años a un proceso de recuperación en clínicas canadienses.

Los días 2 y 3 de julio, la llamada Asamblea de la Civilidad, que componen todas las fuerzas políticas y sociales de la oposición, logra paralizar virtualmente el país con un paro nacional.

El 15 de agosto los servicios de seguridad del gobierno descubren en la zona de Carrizal Bajo, al norte del país, un importante cargamento de armas que se proponía internar en el país el Frente Patriótico Manuel Rodríguez.

El 7 de septiembre, el FPMR realiza en la zona del Cajón del Maipo un atentado contra la vida del general Pinochet. Fracasa en el intento, pero mueren cinco de los escoltas presidenciales. Como represalia, el llamado Comando 11 de septiembre asesina a cinco militantes de la oposición, entre ellos, el periodista José Carrasco.

"En Chile, como en todo el mundo, hay dos grupos que yo los llamo, a unos, seres humanos, a los otros los llamo *humanoides* ... (que son) todos los que pertenecen a los partidos comunistas en general, o sea que

inglesa y productores norteamericanos, es un amplio muestrario de la vida chilena durante los años de la dictadura.

1986 La antología *Contando el cuento* publicada en Santiago da a conocer a nuevos narradores: Ramón Díaz Eterovic, Diego Muñoz, Carlos Franz, Antonio Ostornol, Gregory Cohen, José Leandro Urbina, entre otros. Figuran además tres escritoras, que ese mismo año aparecen con obra propia separada: Ana María del Río, que publica *Oxido de Carmen*, su primera novela; Pía Barros, *Miedos transitorios*, cuentos, y Sonia González, *Tejer historias*, cuentos.

Se publican las novelas *Por la Patria*, de Diamela Eltit, y *Un día con Su Excelencia*, de Fernando Jerez, y los libros de poemas *Chilenas i chilenos*, de Floridor Pérez, *Diario de navegación*, de Tomás Harris, y *Canto de gallos al amanecer*, de José María Memet.

En Brasil, Jorge Durán realiza un largometraje sobre la vida de una familia chilena exiliada en aquel país, *El color de su destino.*

Miguel Littin presenta un largo film dividido en cuatro partes, *Acta General de Chile,* algunas de ellas filmadas durante un viaje realizado por el cineasta al interior del país el año anterior. Sobre este regreso clandestino Gabriel García Márquez publica un libro testimonial.

Nuevos films de cineastas extranjeros sobre nuestro país: *Chile ¡hasta cuándo!,* documental sobre el asesinato de Parada, Nattino y Guerrero, del australiano David Bradbury; y *Sweet Country*, largometraje basado en la novela homónima de la escritora norteamericana Caroline Richards, en la que ella cuenta sus experiencias vividas en Chile. La dirige

Política, sociedad

son ateos, materialistas, instrumentos del Estado... no se dan cuenta que tienen espíritu siquiera... Nosotros somos humanos porque creemos que tenemos un espíritu... Unos se van al infierno, otros se van al cielo.. Entre los *humanoides* y los humanos no ha habido en la tierra, en el mundo, posibilidades de reconciliación".
(De una conferencia de prensa, el 30 de diciembre, del almirante José Toribio Merino).

En el mes de febrero se produce el peor accidente ferroviario de la historia del país, al chocar dos trenes cerca de Limache. Hay 59 muertes y más de 500 personas quedan heridas.

En junio un violento temporal de viento y lluvia provoca en la Región Metropolitana una catástrofe de proporciones, dejando un saldo de muertos y decenas de miles de damnificados.

1987 En el mes de enero se deroga la disposición, vigente desde septiembre de 1973, que establecía el toque de queda y restricciones a la circulación nocturna de vehículos.

Mediante una ley se regula la existencia de los partidos políticos, quedando derogadas las prohibiciones dictadas en 1973 y 1977.

En el mes de marzo aparece un nuevo diario, *La Epoca*, con una definida orientación opositora. Al mes siguiente, aparece también como cotidiano el hasta entonces semanario *Fortín Mapocho*. Junto con las revistas *Análisis, Cauce* y *Apsi*, jugarán un destacado papel de denuncia de la política de la dictadura.

En abril viene a Chile el papa Juan Pablo II. Su visita, la primera de un Pontífice al país, produce multitudinarias muestras de fervor popular.

Cultura, espectáculos

Michael Cacoyannis, realizador de *Zorba el griego*.

La música popular aparece dominada por la presencia del conjunto "Los prisioneros", que dirige Jorge González. Su álbum *Pateando piedras* es elegido el mejor disco del año y la canción "El baile de los que sobran", se convierte en algo así como un himno generacional.

El Canal de TV de la Universidad Católica transmite la teleserie *Angel malo*, que un jurado elige en 1998 como la mejor desde que en el país existe televisión en colores. La obra, que protagonizan Carolina Arregui y Bastián Bodenhoffer, es una adaptación de una telenovela brasileña.

Premio Nac. de literatura Enrique Campos Menéndez

1987 En Madrid se celebra el evento "Chile Vive", que congrega en la capital española a escritores, pintores, músicos, teatristas, cineastas chilenos invitados a mostrar lo mejor de la cultura chilena en su lucha por la democracia. Participan, entre otros, Nicanor Parra, Enrique Lihn, Marco Antonio de la Parra, José Balmes, Mario Irarrázaval y Raúl Zurita.

José Donoso publica en Barcelona su novela *La desesperanza.* El protagonista afirma en alguna parte de ella: "En Chile la dictadura ha impuesto la política como tema único respetable en todas las conversaciones".

Con *La ciudad está triste*, Ramón Díaz Eterovic inicia la saga novelesca del detective privado Heredia.

La estación del regreso, película de Leonardo Kocking y guión de José Román sobre el via-

En la llamada "Operación Albania" organizada por la Central Nacional de Informaciones, CNI, son asesinados en diversos sitios de Santiago doce integrantes del Frente Patriótico Manuel Rodríguez.

Dos violentos movimientos sísmicos se producen en el país. En marzo es Antofagasta la afectada, y en agosto la ciudad de Arica.

Se dicta una ley que establece que el nuevo Congreso Nacional tendrá como sede el puerto de Valparaíso.

Se funda el partido Renovación Nacional.

La chilena Cecilia Bolocco gana el cetro de Miss Universo. "Merezco el triunfo –dice la belleza veinteañera–. Mis méritos son mi personalidad, mi desplante, mi sencillez y mi facha".

Se inaugura el sistema de televisión-cable operado por la empresa Comunicación Intercom, vinculada a *El Mercurio.*

je al Norte de una mujer que busca a su marido desaparecido.

En el 27º Festival de Televisión de Montecarlo, recibe el Primer Premio al mejor Reportaje Informativo, al documental *¡Viva Chile, caramba!* producido por la cadena germano occidental ZDF.

En nombre de Dios, largometraje documental sobre el papel de la Iglesia en la lucha por los derechos humanos. La filma enteramente en Chile Patricio Guzmán. Durante la fiesta de San José, en cuya noche se queman en Valencia las famosas fallas, la televisión española exhibe la ceremonia, y tras ella proyecta la película de Guzmán. La ven cerca de ocho millones de telespectadores.

Se establece que el miércoles las entradas al cine serán rebajadas.

Los Que No Estaban Muertos se llama un grupo teatral debutante integrado por tres personas, que presenta *El santo patrono.* Con el tiempo pasará a llamarse La Troppa y con obras como *Pinocchio, Viaje al centro de la tierra, Gemelos* y otras, se consolidará como una de las agrupaciones más importantes de la renovación escénica nacional.

El actor norteamericano Christopher Reeves visita Chile para apoyar el proceso democrático y solidarizar con actores teatrales que han recibido amenazas de muerte.

1988 Se firma el pacto llamado Concertación de Partidos por la Democracia, en el que diecisiete colectividades llaman a los chilenos a inscribirse en los Registros Electorales para poder participar en el plebiscito convocado por el gobierno para el mes de octubre.

1988 Muere el poeta y escritor Enrique Lihn (1929-1988), "creador incansable de formas y significados, que apuntan a la representación de un universo aún presente, aún futuro" (N. Nómez). Es autor de una extensa obra poética: *La pieza oscura, Poesía de paso, Situación irregu-*

Nace la Central Unitaria de Trabajadores, cuya sigla, CUT, marca una voluntad de continuidad en la línea del trabajo sindical que antes de septiembre de 1973 encarnaba la Central Unica de Trabajadores.

El gobierno suspende en agosto el Estado de Emergencia, mantenido hasta entonces durante quince largos años. Paralelamente, se pone fin legal al exilio, al derogar las últimas prohibiciones que todavía impedían el ingreso al país de innumerables chilenos.

El general Augusto Pinochet es proclamado por la Junta de Gobierno candidato a presidir los destinos del país durante un período de ocho años más. Su nominación será sometida a plebiscito.

El 5 de octubre el país decide entre el Sí o el No que definirá si la ciudadanía está o no de acuerdo con que Pinochet prolongue su mandato o, en cambio, se llame a elecciones. El No, que conlleva el rechazo a la primera opción triunfa con un 54,6% de la votación. El Si alcanzó un 43,04%. La dictadura entra así a su etapa terminal.

lar, A partir de Manhattan, La musiquila de las pobres esferas, El paseo Ahumada, entre otros títulos; y de varios libros de narrativa: la novela *La orquesta de cristal*, el libro de cuentos *Agua de arroz*, etc.

Muere el escritor Luis Vulliamy (1929-1988), narrador y poeta, autor de *Piam, Juan del Agua, Los rayos no caen sobre la yerba, Me gané la polla gol*, etc. La mayoría de sus numerosos libros recrean la vida actual del pueblo mapuche.

El premio Nacional de Literatura recae en el poeta Eduardo Anguita (1914-1992), autor de *El poliedro y el mar*, *Venus en el pudridero*, entre otros textos, en los que el autor ha sabido como pocos unir "el oficio verbal, la fantasía creadora y la pasión intelectual", juntando "la libre vida de la imaginación con la desnudez del filosofar" (I. Valente).

En el país de la memoria, de Elicura Chihuailaf, inaugura una notable línea de producción lírica de poetas mapuches, entre los que se cuentan, además, Sebastián Queupul, Leonel Lienlaf, José Ancán y otros. Sus libros se publican en ediciones bilingües español-mapudungun.

Aparecen dos obras de investigación periodística fundamentales sobre el golpe militar y la evolución posterior de los acontecimientos: *El día en que murió Allende*, de Ignacio González Camus, e *Historia oculta del régimen militar*, de Ascanio Cavallo, Oscar Sepúlveda y Manuel Salazar.

Pablo Perelman realiza *Imagen latente.* La historia se basa en el caso del hermano del realizador, fotógrafo detenido-desaparecido. La Censura rechaza su exhibición en dos ocasiones, sosteniendo que el film "constituye una versión parcial e interesada de la realidad, que no contribuye al concepto de la reconciliación y promueve la vigencia de la teoría de la lucha de clases".

Marcela Osorio protagoniza *Sussi*, dirigida por Gonzalo Justiniano. La película obtiene un gran éxito de público. Por su parte, Luis Vera presenta *Consuelo*, filmada en Chile y en Suecia.

Cien niños esperando un tren, mediometraje documental de Ignacio Agüero, trata el tema de la niñez de las poblaciones marginales a través del taller de Alicia Vega, investigadora del cine. Recibe numerosos premios.

Se publica *Plano secuencia de la memoria de Chile. Veinticinco años de cine chileno (1960-1985)*, de Jacqueline Mouesca.

En julio se realiza en Santiago el torneo "Chile Crea", Encuentro Internacional del Arte, la Ciencia y la Cultura por la Democracia en Chile.

El 9 de diciembre se estrena en la plaza O'Higgins de la localidad de Puente Alto, la obra *La negra Esther*, montada por Andrés Pérez con textos de Roberto Parra. Se convierte en uno de los éxitos teatrales más espectaculares de la historia escénica nacional. La obra "invoca el pasado lejano, que es lo único que tenemos" devolviéndole al público "una imagen o identidad que creía perdidas" (Juan A. Piña).

Fallecen en el extranjero el coreógrafo y bailarín Raimundo Larraín, en París, y el pintor José Venturelli, en Suiza, país donde residía en el exilio.

1989 En el mes de julio la ciudadanía aprueba en un plebiscito un conjunto de reformas a la Constitución del 80

1989 Muere Andrés Sabella (1912-1989), poeta y escritor, autor de novelas y numerosos libros de poesía.

propuestas en arreglo consensuado entre el gobierno y la oposición. Los acuerdos contemplan importantes concesiones a exigencias impuestas por el gobierno de Pinochet. Se conocen genéricamente como "leyes de amarre".

Tras 16 años de dictadura, se realizan las primeras elecciones presidenciales y parlamentarias en el país. Triunfa Patricio Aylwin, candidato de la Concertación de Partidos por la Democracia, con un 53,8% de la votación. Un porcentaje similar de votos obtiene la representación parlamentaria del mismo conglomerado.

Escándalo en Maracaná en partido de fútbol entre Chile y Brasil. El arquero chileno Roberto "Cóndor" Rojas, simula haber sido herido por un supuesto ataque con bengalas. Descubierta la farsa, Rojas es suspendido a perpetuidad del fútbol, y Chile queda marginado de dos campeonatos mundiales.

Se publican dos importantes libros testimoniales en torno al tema de las violaciones de los derechos humanos: *Los zarpazos del puma,* de la periodista Patricia Verdugo, que tiene una resonante acogida pública, y *Chile, la memoria prohibida*, una exhaustiva investigación periodística en tres tomos realizada por cuenta de la Vicaría de la Solidaridad.

Aparecen *Camisa limpia*, novela de Guillermo Blanco, *Diario de muerte*, poemario póstumo de Enrique Lihn, *Taratuta*, novela de José Donoso, y *Santiago Cero*, novela de Carlos Franz. Se publica, además, *Lagar 2*, obra inédita de Gabriela Mistral, como homenaje al centenario de su nacimiento, y *Género femenino*, poemas de Teresa Calderón.

Con capitales españoles, nicaragüenses y cubanos, Miguel Littin filma *Sandino*, inspirada en la vida del legendario guerrillero nicaragüense.

"El hombre que yo amo" se convierte en un resonante éxito musical latinoamericano, consagrando a la cantante Myriam Hernández.

Las películas más vistas de la década: *E.T.*, 520.000 espectadores; *Atracción fatal,* 369.000; *Kramer versus Kramer*, 327.000. Los films chilenos: *Sussi*, 130.000; *El último grumete*, 70.000; *Todo por nada*, 59.000; *Cómo aman los chilenos*, 55.000; *La estación del regreso*, 26.000.

1990-1999

17 de octubre de 1998. El senador Pinochet es detenido en Londres en virtud de un exhorto del juez español Baltasar Garzón. Se inicia un año de decisiones judiciales cada vez más negativas para el anciano ex general. El proceso cambia el cuadro político nacional en un *antes* y *después*, y se abre un período de reexamen de múltiples temas, principalmente el relacionado con los derechos humanos.

Política, sociedad

1990 Se inaugura en Valparaíso la sede del Congreso Nacional, que reinicia sus funciones tras 16 años y cinco meses de receso. El edificio, por su perfil arquitectónico, calificado de "mussoliniano", y el alto costo de su construcción, ha generado una ardorosa polémica.

Toma posesión de la Presidencia de la República Patricio Aylwin Azócar, en un clima de regocijo y expectación nacional e internacional, tras los largos años de dictadura.
Se funda el partido denominado Unión de Centro-Centro, cuyo líder es el ex candidato a la presidencia Francisco Javier Errázuriz.

A mediados del año produce en el país honda conmoción el descubrimiento de osamentas humanas en Pisagua, Colina, Paine y Chihuío, que ponen al descubierto el destino de decenas de detenidos desaparecidos durante el gobierno militar.

En el mes de diciembre el Ejército realiza el denominado "ejercicio de enlace", que se interpreta como una manifestación de protesta por el proceso que se sigue al hijo del general Pinochet, comprometido en una dudosa operación en la que aparece cobrando tres millones de dólares.

Los restos del Presidente Salvador Allende son sepultados en el Cementerio General con honores de Jefe de Estado.

9/4/1990

Fallecen Clotario Blest, líder sindical de dilatada trayectoria en las luchas sociales, y Osvaldo Larrea, más conocido como Ricardo García, que cumpliera una destacada labor en la promoción y difusión de la música popular.

31/5/

Cultura, espectáculos

1990 José Donoso (1990-1996) obtiene el premio Nacional de Literatura. Autor de una extensa obra literaria, es uno de los escritores chilenos más importantes del siglo. Publicó una decena de novelas, entre ellas, *Coronación, El obsceno pájaro de la noche, El jardín de al lado, El lugar sin límites, Casa de campo, Donde van a morir los elefantes;* varios volúmenes de cuentos, y algunos libros testimoniales: *Historia personal del "boom"*, *Conjeturas sobre la memoria de mi tribu*.

Aparece *Sobredosis*, libro de cuentos de Alberto Fuguet, que obtiene un gran éxito, marcando en alguna medida el reencuentro de la narrativa chilena con sus lectores, tras el largo período de sequía cultural de los años de la dictadura.

Se publica en Chile la novela de Luis Sepúlveda *El viejo que leía novelas de amor.* Pasa inadvertida para críticos y lectores, que sólo la descubren a partir de las ediciones europeas de 1992, que convierten el libro en un éxito mundial. Un fenómeno similar se produce también con *Mundo del fin del mundo*, publicada localmente en 1992 sin que tuviera la menor acogida pública.

Con *Pinocchio*, La Troppa se consolida como una de las agrupaciones claves en el movimiento de renovación de la escena teatral chilena.

Silvio Caiozzi filma *La luna en el espejo*, basado en una historia de José Donoso, con Gloria Münchmayer (que gana el premio a la mejor interpretación femenina en el Festival de Cine de Venecia). Obtiene una cantidad considerable de premios internacionales.

Aparece Megavisión, primer canal de televisión privado del país.

Con la inauguración, en noviembre, del primer McDonald's, el país incorpora uno de los rasgos más característicos de la vida cotidiana de la postmodernidad: la presencia del local de comida rápida, "fast food", llamada también "comida chatarra". En pocos años los locales llegan a cerca de treinta, y con la llegada de los Burger King, la cifra se encarama a la cincuentena.

Se declara Monumento Nacional la antigua central hidroeléctrica de Chivilingo, la primera que tuvo el país. Fundada en 1897 a unos 15 km. de Lota, fue diseñada por Thomas Alva Edison. Funcionó hasta 1975.

6/12 Fue la 2da en sudamérica

Caluga o menta, dirigida por Gonzalo Justiniano, está dedicada a los jóvenes marginales y obtiene un buena acogida pública.

En Viña del Mar se realiza el Tercer Festival Internacional Latinoamericano de Viña del Mar, llamado Festival del Reencuentro. La muestra comprende películas chilenas producidas en el país y en el exilio. Estas últimas nunca se habían exhibido con anterioridad en Chile.

Arde "un tesoro audiovisual" cuando el 21 de octubre se produce un incendio en las bodegas de Chile Films y se quema el 50 por ciento de su archivo fílmico: noticiarios, documentales y algunos largometrajes argumentales se convirtieron en cenizas en cosa de minutos.

"¿Pasó algo con el cine chileno durante los 80? Una década marcada por la dictadura que dejó pocas alternativas: represión versus exilio; censura (y autocensura) versus silencio; aceptación del "modelo económico" versus reformulación de oficio y vocación". (Hans Ehrmann en revista *Enfoque)*.

En el mes de marzo, el músico e intérprete cubano Silvio Rodríguez reúne a 80 mil personas en un concierto ofrecido en el Estadio Nacional. Es su primera visita al país después de dieciocho años. Meses después, con el auspicio de Amnesty International, se presenta en el mismo recinto el espectáculo musical más grande que se haya hecho entre nosotros. Con el nombre "Desde Chile, un abrazo a la esperanza", declaran su solidaridad con la recobrada democracia chilena los más importantes intérpretes nacionales y figuras internacionales como Peter Gabriel, Rubén Blades, Sinead O'Connor, Sting y otros. Este último canta "They Dance Alone", mientras decenas de

1991 El 4 de marzo el Presidente Aylwin anuncia públicamente los resultados del llamado Informe Rettig, en que se da cuenta detallada y oficial de las violaciones cometidas contra los derechos humanos en los años de la dictadura.

El día 1° de abril es asesinado el senador de la UDI Jaime Guzmán Errázuriz, al salir de clases en el Campus Oriente de la Universidad Católica.

Cristián Edwards, hijo de Agustín Edwards, director- propietario del diario *El Mercurio*, es secuestrado por un comando del Frente Patriótico Manuel Rodríguez. Es puesto en libertad en el mes de febrero del año siguiente, tras 145 días de cautiverio.

En el mes de junio, un aluvión de agua, barro y piedras se abate sobre barrios populares de la ciudad de Antofagasta, produciendo cerca de un centenar de muertos, numerosos heridos y damnificados y cuantiosos daños materiales.

Colo Colo derrota a Olimpia del Paraguay 3-0, ganando por primera vez para Chile la Copa Libertadores de América.

mujeres de desaparecidos bailan sin pareja masculina en el centro de la cancha.

El Premio Nacional de Arte recae en el pintor Roberto Matta. Radicado en Francia desde los años 30, se lo considera el último de los surrealistas, movimiento en el que aparece como uno de sus más altos representantes.

El director teatral Oscar Castro es ordenado Caballero de las Letras y las Artes por el gobierno francés, distinción que también han tenido los escritores José Donoso, Jorge Edwards y Francisco Coloane.

1991 Se publican, sucesivamente, con sorprendente acogida pública, las novelas *Nosotras, que nos queremos tanto,* de Marcela Serrano, *Mala onda*, de Alberto Fuguet, y *La ciudad anterior*, de Gonzalo Contreras, que marcan el inicio de lo que se ha dado en llamar "Nueva Narrativa Chilena".

Nicanor Parra recibe el Premio de Literatura Latinoamericana Juan Rulfo, que otorga la Universidad de Guadalajara, en México. Se otorga por primera vez y se instala enseguida como uno de los galardones literarios más significativos de la lengua española.

Aparece un extraño libro de relatos, *Historias de monos y de brujos*, del periodista Sergio Villegas, que no obtiene el menor eco público. Se cumple el dicho poético de Nicanor Parra: "Primera condición de toda obra maestra: pasar inadvertida".

Operación siglo XX, de Patricia Verdugo, reconstruye los entretelones del atentado contra el general Pinochet.

Muere en Nueva York Claudio Arrau (1903-1991), el más célebre de los pianistas chilenos, considerado, a nivel internacional, uno de los más importantes del siglo.

Visitan el país algunas personalidades notorias de la música contemporánea: el pianista y cantante Ray Charles, y el tenor italiano Luciano Pavarotti, que convoca un público multitudinario.

Retrospectiva de la pintura de Roberto Matta en el Museo de Bellas Artes.

El Museo de la Solidaridad, cuyas obras se habían dispersado en los años de la dictadura, reúne de nuevo la mayor parte de su material y pasa a constituir el Museo de la Solidaridad Salvador Allende. Se inaugura oficialmente ocho años después.
Entra en funciones el Fondo de Desarrollo de la Cultura y las Artes.

Ricardo Larraín filma *La Frontera* que cuenta la historia de un relegado en la zona sur del país. Bien acogida por la crítica, tiene también una buena aceptación entre el público. Es la película chilena que ha obtenido más premios internacionales.

Se exhibe por primera vez en Chile *La tierra prometida*, de Miguel Littin, filmada en 1973.

1992 Se realizan elecciones democráticas, por primera vez en 19 años, para designar las nuevas autoridades comunales de las más de 300 municipalidades del país.

En dependencias del gobierno paraguayo, ocupadas hasta poco antes por el dictador Stroessner, se descubre un archivo que pone en evidencia buena parte del entramado de lo que fue la llamada "Operación Cóndor", plan coordinado de exterminio de opositores puesto en práctica a partir del año 75

1992 Aparecen varios libros que confirman la presencia de una narrativa emergente de interés: las novelas *Oír su voz,* de Arturo Fontaine, y *Machos tristes*, de Darío Oses, y los libros de cuentos *Gente al acecho*, de Jaime Collyer y *Adiós, Carlos Marx, nos vemos en el cielo*, de Sergio Gómez.

El poeta Gonzalo Rojas (1917) obtiene el Premio Nacional de Literatura. Es autor de *La miseria del hombre, Contra la muerte, Oscuro, Transtierro* y varios títulos por las dictaduras militares de Chile, Argentina, Uruguay y Paraguay.

El Gobierno cancela la personalidad jurídica de la llamada Colonia Dignidad, organismo que arrastra desde la década del 60 una turbia trayectoria. La medida se prueba ineficaz, así como los numerosos procesos que se siguen en los años siguientes contra su jefe Paul Schäffer, acusado de los más diversos delitos.

En la Feria Internacional de Sevilla, celebrada para conmemorar los 500 años del Descubrimiento de América por los españoles, Chile presenta en su pabellón nacional un polémico iceberg de 60 toneladas de peso y 7 metros de altura, transportado especialmente desde la Antártica. "La idea es que Chile se vea como un país moderno. Un país moderno con posibilidades ilimitadas".

A la difundida tesis de que Chile ha ingresado al grupo de los llamados "tigres del Pacífico", el presidente del Banco Central, Roberto Zahler, opone una frase que hace historia: "Los tigres no se hacen de la noche a la mañana, mucho menos si tienen una larga historia de ser gatos, con cultura, costumbres y perspectivas de gatos".

Deja de publicarse la revista *Análisis*. El año anterior han cesado *Apsi* y *Fortín Mapocho*, lo que marca una tendencia inexorable a la desaparición de los órganos periodísticos emblemáticos en la lucha por la democracia durante los años de la dictadura.

El día 15 de mayo, dos grupos de andinistas chilenos rivales logran llegar a la cima del Everest, hazaña cumplida por primera vez por deportistas nacionales.

más. Gana también ese año el Premio Reina Sofía de Poesía Iberoamericana que otorga la Universidad de Salamanca. En 1998 obtendrá otros dos premios internacionales importantes: el Premio Octavio Paz (México) y el Premio Martín Fierro (Argentina).

Se suicida el escritor Alfonso Alcalde (1921-1992), poeta y cuentista, autor de *El panorama ante nosotros, Variaciones sobre el tema del amor y de la muerte*, libros de poemas, y *Alegría provisoria, El auriga Tristán Cardenilla*, cuentos, entre numerosos otros títulos.

Pablo Perelman presenta *Archipiélago*, con Héctor Noguera, filmada íntegramente en Chiloé. El realizador declarará en una entrevista concedida tiempo después: "Los cineastas chilenos están tratando de hacer un cine híbrido, en el que borran los caracteres nacionales, la especificidad cultural más profunda..."

Se estrena *Palomita blanca*, de Raúl Ruiz, cuyas copias estuvieron extraviadas durante veinte años.

Se crea la Asociación de Cortometrajistas, producto del auge alcanzado en el género. En los tres años siguientes se filman en el país alrededor de cuarenta cortometrajes.

En el mes de febrero el film *La Frontera* ha sido ya visto por 170 mil personas, cifra récord para una película chilena en los últimos años.

Se introduce el sistema de medición de audiencia conocido como *people meter*, método electrónico que cambia radicalmente muchos aspectos del trabajo de los canales de televisión.

Política, sociedad

1993 En enero llega al país Erich Honecker, jefe de la extinta República Democrática Alemana, cuya hija vive en Chile. Fallece en mayo, a los 81 años, aquejado de un cáncer hepático.

El 28 de mayo, el Ejército realiza una operación de acuartelamiento de tropas –bautizada "Boinazo" por los medios de comunicación–, como protesta por haberse reactivado el proceso contra el hijo del general Pinochet.

Conmoción produce una entrevista realizada por Televisión Nacional al norteamericano Michael Townley, en que éste da detalles del asesinato de Orlando Letelier y de otras atrocidades cometidas por la DINA. Señala directamente al general Manuel Contreras como responsable del primero de los crímenes mencionados.

Cultura, espectáculos

A 75 kilómetros al sur de Antofagasta y a un costado de la Carretera Panamericana, se inaugura la escultura monumental llamada Mano del Desierto, realizada por Mario Irarrázaval.- Con una altura de 11 metros, la obra es similar a la que el escultor realizó con anterioridad en Punta del Este, Uruguay, y en Madrid, durante la celebración de "Chile Vive".

La obra "Himno a la Paz", de la escultora Marta Colvin (1915), se instala en la sede de las Naciones Unidas en Ginebra, Suiza.

La obra teatral *La muerte y la doncella*, de Ariel Dorfman, recibe en Inglaterra el premio Laurence Olivier. Se exhibe en Estados Unidos, Japón, Italia, Checoslovaquia y otros países, con buena acogida pública y de crítica.

El Premio Nacional de Arte lo obtiene el músico Juan Orrego Salas.

1993 Se publican las novelas *Ay, Mama Inés*, de Jorge Guzmán y *Morir en Berlín*, de Carlos Cerda.

Auge del género policial con dos prolíficos novelistas: Ramón Díaz Eterovic y Roberto Ampuero, creadores de los detectives Heredia y Cayetano Brulé.

Por decisión judicial se prohibe la circulación en Chile del libro *Impunidad diplomática*, del periodista Francisco Martorell, que trata de los escándalos del embajador argentino Oscar Spinoza Melo y sus lazos con conocidos políticos y empresarios chilenos.

Se promulga la Ley que crea el Consejo Nacional de Fomento del Libro y la Lectura.

22 países participan en el XXIII Festival del

En las segundas elecciones presidenciales libres realizadas desde 1970, Eduardo Frei Ruiz-Tagle es elegido Presidente de la República, con un 58,01 por ciento de la votación. Paralelamente, en las elecciones parlamentarias, los partidos de la Concertación mantienen su mayoría.

Juana Fernández Solar (1900-1920), a quien el Papa Juan Pablo II había beatificado en 1987, coincidiendo con su visita al país, es canonizada por el Vaticano. Sor Teresa de los Andes pasa así a ser la primera santa chilena.

Marcelo Ríos asciende al número 1 en el ranking de mejores jugadores juveniles de tenis del mundo (menores de 18 años), tras derrotar al francés Alexandre Decret.

Una encuesta oficial hecha en Estados Unidos por el gobierno de Chile sobre la imagen del país da el siguiente resultado: el 69 por ciento vinculó el nombre de Chile a la represión política, el 11%, con la historia de unas uvas chilenas envenenadas, que afectan a los planes nacionales de exportación de frutas a Estados Unidos; y otros, con el tema de la degradación ambiental.

Un alud de agua y barro se precipita sobre las comunas de La Reina, Macul, Peñalolén y La Florida, dejando varios miles de damnificados y un saldo de dos docenas de muertos.

1994 En CODELCO estalla uno de los mayores escándalos financieros en la historia chilena del siglo. Un operador, Juan Pablo Dávila, confiesa haber ocasionado a la empresa –la más importante del país–

Teatro de las Naciones realizado en Chile. Todos los géneros y estilos están presentes: teatro clásico de Shakespeare y griegos, teatro moderno, mimos, marionetas, títeres, etc.

Desaparece el escultor Samuel Román Rojas (1907-1993).

Otorgan el Premio Nacional de Arte a Jorge Díaz (1930), uno de los más destacados dramaturgos nacionales. Entre su muy extensa obra cabe mencionar: *El velero en la botella, El lugar donde mueren los mamíferos, El cepillo de dientes, Topografía de un desnudo*. Residente en España durante tres décadas, ganó allí los más importantes premios de dramaturgia que se conceden en la Península.

Gustavo Graef Marino presenta *Johnny Cien pesos*, que tiene una buena acogida de crítica y de público. Sobre sus impresiones, al volver al país tras largos años de ausencia: "Lo primero que percibí fue una generación adolescente desorientada y que además había sido estupidizada por la dictadura. Los habían transformado en no-lectores, no-videntes, mudos, en personas sin ideas ni pasiones".

Algunas cifras estadísticas: el cine tuvo en el año dos millones y medio de espectadores. En el país hay 200 mil socios de clubes de video, cada uno de los cuales arrienda un promedio de 4,4 películas al mes, es decir, 880 mil en total, lo que da una cifra anual de más de diez millones de videos arrendados. Como cada uno de ellos es visto por un promedio de tres personas, en el año hubo 32 millones de espectadores que vieron películas en video.

1994 El Premio Nacional de Literatura se le otorga a Jorge Edwards (1927), autor de novelas, libros de cuentos y de crónicas, y obras memorialísticas. Entre sus títulos más importantes están *El peso de* pérdidas cercanas a los 200 millones dólares por supuestos errores cometidos en sus operaciones en los llamados mercados de futuro del cobre. Cinco años después será condenado a ocho años de cárcel y multas que superan la cifra perdida por la Corporación el Cobre.

El 11 de marzo asume la presidencia de la República Eduardo Frei Ruiz-Tagle, hijo de Eduardo Frei Montalva, quien fuera a su vez presidente de la nación entre 1964 y 1970.

El Papa Juan Pablo II beatifica en Roma al sacerdote jesuita chileno Alberto Hurtado, fallecido en 1952.

En el arbitraje aceptado por Chile y Argentina para dirimir su disputa sobre límites en el territorio de la XI Región denominado Laguna del Desierto, el tribunal internacional falla a favor de las demandas del país transandino.

Se crea la Comisión Nacional del Medio Ambiente, que tendrá, entre otras funciones, la de proponer las políticas ambientales del Estado.

la noche, Los convidados de piedra, Persona non grata, Las máscaras, Adiós poeta, El museo de cera, La mujer imaginaria, etc.

La novela *La Reina Isabel cantaba rancheras*, de Hernán Rivera Letelier, que recrea el ocaso de las oficinas salitreras a través de la vida de sus prostitutas, alcanza una sorprendente popularidad. Otras novelas: *Círculo vicioso*, de Germán Marín, *El correo de Bagdad*, de José Miguel Varas, *Los vigilantes*, de Diamela Eltit, *Tiempo que ladra*, de Ana María del Río.

Paula, de Isabel Allende, novela testimonial inspirada en la muerte de la hija de la escritora, se convierte en un clamoroso "best seller" internacional.

Gonzalo Justiniano presenta *Amnesia*, sobre la memoria y el olvido de la represión de los años de la dictadura.

Se exhibe el film del danés Bille August, *La casa de los espíritus*, según la novela de Isabel Allende. Otras obra de la misma autora, la novela *De amor y de sombra*, es llevada al cine por la argentina Betty Kaplán en 1995.

En el país quedan sólo 132 salas de cine. De ellas, 14 son de cine-arte y 16 de temporada y un auto-cine. La mayor concentración está en Santiago, con 44 salas comerciales, 5 cine-arte, una de temporada y el auto-cine.

Un cuadro del pintor Juan Pablo Dávila en que aparece Simón Bolívar mostrando en el busto desnudo dos pechos de mujer, produce protestas en los círculos bolivarianos del país y del extranjero. Se cuestiona una vez más el derecho del arte a la libre expresión.

El biólogo Humberto Maturana obtiene el Premio Nacional de Ciencia.

El Premio Nacional de Arte se le otorga a la folklorista Margot Loyola, notable recopiladora de la música vernácula chilena.

Una encuesta de opinión establece que los cinco nombres señeros de la cultura nacional del siglo son: Pablo Neruda, Gabriela Mistral, Claudio Arrau, Roberto Matta y Violeta Parra.

Según una encuesta de la Cámara del Libro, el 43,42 por ciento de la población no lee ningún tipo de publicación.

1995 La Corte Suprema pone fin al largo proceso sustanciado por el asesinato de Orlando Letelier, condenando a siete y seis años de presidio, respectivamente, al general (R) Manuel Contreras y al brigadier Pedro Espinoza, antiguos jefes de la desaparecida DINA. Ambos ingresan al presidio de Punta Peuco, una cárcel construida especialmente para acoger a los condenados.

La Justicia italiana condena en ausencia a los generales (R) Manuel Contreras y Eduardo Iturriaga como autores intelectuales del atentado criminal contra Bernardo Leighton y su esposa, cometido en Roma en la década del 70.

Según datos internacionales, Chile es en el campo económico la nación "más competitiva" de América Latina. En el mundo ocupa el puesto número 20. En cuanto a su ritmo de crecimiento, según el Banco Mundial, el país ocupa el séptimo lugar en el mundo.

El consumo de drogas en los diversos estamentos de la población empieza a ser uno de los temas de preocupación dominantes de la sociedad chilena.

1995 Aparecen varios libros de interés: las novelas *Cien pájaros volando*, de Jaime Collyer, *Noches de estreno*, de Alejandra Rojas, y *El viaducto*, de Darío Oses; y el libro de investigación periodística *Crónica de la transición*, de Rafael Otano.

La Biblioteca Nacional publica en cinco tomos la monumental novela *Umbral*, de Juan Emar (seudónimo de Alvaro Yáñez, 1893-1964), escrita en la década de los 30, de la que hasta este año se conocían sólo fragmentos.

Se publica el *Diario íntimo*, de Luis Oyarzún, dos décadas después de su fallecimiento.

Nueva restauración del film mudo *El húsar de la muerte*, realizada por cuenta de la División de Cultura del Ministerio de Educación. Ahora con una banda musical de Horacio Salinas interpretada por el conjunto Inti Illimani.

Una comisión interministerial elabora el documento llamado "Política Nacional de Fomento y Desarrollo del Cine y la Industria Audiovisual", que propone, entre varias otras iniciativas, la formación de la Cineteca Nacional.

El país asiste arrobado al gol de Iván Zamorano, gracias al cual el Real Madrid conquista la Copa de la Liga española de fútbol.

La Televisión por cable alcanza la cifra de 250 mil abonados, transmite 200 mil horas de programación y tiene una oferta de 66 canales. La televisión nacional, entretanto, está integrada con cinco canales de alcance nacional y tres regionales. Según estudios del Consejo Nacional de la TV, los chilenos dedican un promedio de cuatro horas diarias a la pequeña pantalla. Cifra que contrasta con la siete horas que dedica a la lectura en la semana.

La tasa de nupcialidad descendió de 8,7 en 1971 a 6,2 este año, por cada mil habitantes. Las nulidades matrimoniales aumentaron en 6,1 en ese mismo período.

Según estimaciones del Instituto Nacional de Estadística, la población de Chile alcanza ese año a 14.210.429, de los cuales 7.029.597 son hombres y 7.180.832 son mujeres. Santiago bordea los 4 millones 500 mil habitantes, y le siguen en orden de importancia por su población Concepción, Viña del Mar, Valparaíso, Temuco y Talcahuano.

1996 A fines del año se inaugura en Santiago, frente a Plaza Italia, el edificio-sede de la Compañía de Teléfonos de Chile, el más alto del país. Con sus 33 pisos alcanza una altura de 140 metros.

Según estadísticas oficiales, en el país residen 136.576 extranjeros. Las nacionalidades más numerosas son la argentina (38.011), la española (10.907) y la peruana (10.337). Esta última es, sin embargo, en cifras reales, la más considerable, en virtud de la gran cantidad de peruanos indocumentados llegados al país en los últimos años.

En Hollywood producen una tercera versión de la novela *El socio*, de Jenaro Prieto. Con el título *The Associate*, se filma una comedia protagonizada por Whoopi Goldberg.

Se estrena *La muerte y la doncella*, realizada por Roman Polanski. El film está basado en la obra teatral de Ariel Dorfman.

Las cifras de asistencia a las salas cinematográficas arrojan el siguiente ranking: 1° *La máscara*, con 361.901 espectadores; 2° *Pocahontas*, 313.256; 3° *Batman eternamente*, 186.650; 4° *Duro de matar III*, 158.397; 5° *Gasparín*, 144.604; 6° *Una pareja de idiotas*, 121.023; 7° *101 dálmatas*, 117.187; 8° *Una propuesta indecente*, 114-187; 9° *Pulp Fiction*, 111.189; y 10° *Corazón valiente*, 105.297. Las películas que ocupan los puestos 2°, 5° y 7° son producciones Walt Disney.
La totalidad de los diez films es de procedencia norteamericana.

Se realiza la Primera Muestra de Dramaturgia Nacional. Están presentes: Andrés Pérez, Ramón Griffero, Marco Antonio de la Parra, Benjamín Galemiri, Alfredo Castro, entre otros.

1996 La muerte de José Donoso conmueve al mundo literario. Maestro de toda una generación de escritores, uno de sus discípulos, Marco Antonio de la Parra resume la significación del fenómeno con estas palabras: "La primera vez que quise matar a José Donoso fue cuando me puse a escribir en serio y supe que jamás podría hacerlo como él".

Sentidas manifestaciones se producen también con el fallecimiento del poeta Jorge Teillier (1935-1996). Autor de *Para ángeles y gorriones, El cielo cae con las hojas, El*

La última novedad del mercado es la proliferación de organismos que imparten, mediante el pago de sumas bastante altas, cursos de Crecimiento Personal que ofrecen ayudar a al individuo a descubrir las raíces de la insatisfacción personal. Para algunos se trata sólo de "la moda de fin e siglo".

Espectaculares allanamientos de la ex Colonia Dignidad, en que se movilizan centenares de carabineros, no logran su objetivo: Paul Schäffer sigue prófugo.

árbol de la memoria, *Los trenes de la noche,* y varios otros títulos. Encabeza una vertiente poética bautizada como "lárica", definida como "una vuelta a la tierra como nutrimiento de lo creado, un recuperar el paraíso perdido en la infancia" (Jaime Quezada).

Se publican, entre otras novelas, ***El lugar donde estuvo el paraíso***, de Carlos Franz, que es pronto traducida a varias lenguas europeas.

El Premio Nacional de Literatura se le otorga al poeta Miguel Arteche, autor de ***La invitación al olvido, Destierros y tinieblas, Fénix de madrugada*** y otras obras.

Fallece Oreste Plath (1907-1996), seudónimo de César Octavio Müller Leiva, escritor, autor de un valioso repertorio de obras dedicadas a diversos temas del folklore nacional.

1997 De "Negociado del siglo" es calificada una escandalosa operación realizada entre el consorcio Enersis y la empresa española Endesa. Los miembros del Directorio de la primera, que detentan el 0,6 por ciento de las acciones, obtienen un beneficio del orden de los 500 millones de dólares. El resto de los accionistas –varios miles–, propietarios de más del 90 por ciento de los títulos, obtienen en conjunto poco más de un millón de dólares. Las protestas públicas, que tienen incluso eco en España, fuerzan una anulación de la operación.

En el mes de abril cierra definitivamente el mineral de Lota, el último de los enclaves carboníferos todavía en producción, tras la clausura, en años anteriores, de los yacimientos de Schwager y Coronel. Con el fin de la

1997 ***Chile actual. Anatomía de un mito***, del sociólogo Tomás Moulián se convierte en "el libro del año", por su sorpresivo éxito de librerías. El escritor Germán Marín dice de su autor que "tiene una clara vocación de aguafiestas en un país que, sin embargo, no destila gota alguna de alegría, satisfecho de vivir el tango de una existencia discreta y, lo que resulta peor, aburrida".

La mala memoria, de Marco Antonio de la Parra, recrea cuatro décadas del Chile más reciente. Más ambicioso, Volodia Teitelboim, publica con *Un muchacho del siglo XX,* el primer tomo de *Antes del olvido,* previsto en varios volúmenes.

Un fallo de la Tercera Sala de la Corte Suprema confirma la prohibición para exhibir y mítica "zona del carbón" es toda una época de la historia de Chile que se acaba.

En lo que se considera el más grande operativo policial contra el narcotráfico llevado a cabo por la policía chilena, es desbaratada la banda que dirigía Mario Silva Leiva, más conocido como "El cabro Carrera", de célebre trayectoria.

En las elecciones parlamentarias de fin de año, el dato más significativo lo constituye la no participación del 41,50 por ciento del universo electoral nacional, guarismo al que se llega sumando la abstención propiamente tal –algo más de un millón–, 300 mil votos en blanco, 950 mil nulos, y un millón 600 mil no inscritos. En total, cerca de cuatro millones de chilenos, lo que pone de relieve la creciente e inquietante apatía política que se advierte en la ciudadanía.

Los partidarios de la ley de afiliación que se discute en el Congreso, aluden a una estadística elocuente. De 261.117 niños nacidos en el año, sólo 146.399 son legalmente considerados "legítimos". Son "ilegítimos" los restantes, 114.718 (43,9%).

Según antecedentes entregados por el Vicario Judicial Adjunto, alrededor de cien matrimonios católicos son invalidados cada año por el Tribunal Eclesiástico de Santiago.

El jugador chileno Marcelo Salas es designado el mejor futbolista sudamericano del año en una votación entre cronistas deportivos del continente.

1998 El general Augusto Pinochet es el tema noticioso dominante a lo largo del año. A comienzos de marzo, tras cinco lustros de ejercicio del cargo, se retira de la Comandancia en Jefe del Ejército, en

distribuir en Chile la película *La última tentación de Cristo.* En la década, informa un diario, la censura ha rechazado un total de 52 películas. Al lado de films muy menores de corte abiertamente pornográfico, las prohibiciones alcanzaron a obras de Woody Allen, Paul Schrader, Bigas Luna y otros prestigiosos realizadores. Algo positivo: los rechazos han ido disminuyendo de año en año, hasta llegar a cero en 1995 y 1996.

Muere Abraham Lillo Machuca, conocido como "El Tony Caluga", quien fuera el más popular de los payasos de la historia circense nacional.

El Premio Nacional de Artes de la Representación Audiovisual a Raúl Ruiz desata una ácida polémica entre quienes lo cuestionan por tratarse de un cineasta que vive desde hace más de veinte años fuera del país.

El cine chileno ofrece una magra cosecha: se exhibe un solo largometraje de producción nacional: *Historias de fútbol*, de dos jóvenes debutantes, el director Andrés Wood y el guionista René Arcos.

Nuevos vientos culturales en el Chile postmoderno: en la pequeña comuna rural de Pelarco, la concejala Raquel Argandoña, ex Miss Chile, decide celebrar con los niños del pueblo "la noche de las brujas". La fiesta del *Halloween* ha llegado al país profundo.

1998 En el mes de febrero se presenta en el Estadio Nacional, ante más de cincuenta mil personas, el conjunto U-2, una de las más célebres bandas de rock del mundo. En el punto culminante del progracuyas filas permaneció por más de sesenta años. (Llegó a ser, se sostiene, "el militar más antiguo del mundo"). Dos días después asume como Senador Vitalicio, en medio de una fuerte polémica; y en los primeros días de abril, la Cámara de Diputados rechaza por 62 votos contra 52 una acusación constitucional formulada en su contra por un grupo de parlamentarios de la Democracia Cristiana. En octubre, mientras realiza una visita a Gran Bretaña, es detenido por la policía en virtud de un exhorto del juez español Baltazar Garzón acogido por las autoridades inglesas.

Un corresponsal extranjero sostiene que "Pinochet sigue siendo la figura emblemática en un país culturalmente muerto".

En marzo se realiza en Santiago la Segunda Cumbre de las Américas, con participación de presidentes y jefes de Estado de 34 naciones del continente. Se ha excluido expresamente a Cuba. Participan, en cambio, países como Bahamas, Santa Lucía, San Vicente y Granadinas o Saint-Kitss y Neviss, nación esta última con menos habitantes que la ciudad de Chillán.

Según el Indice de Desarrollo Humano preparado por las Naciones Unidas, Chile ocupa el puesto Nº 31 entre 174 países en lo que se refiere a la calidad de vida, y el primero en América Latina por delante de Costa Rica (34), Argentina (36) y Uruguay (38), los más próximos.

Tras cinco años de tramitación parlamentaria, se aprueba la ley sobre filiación, que pone fin a la distinción entre hijos legítimos, naturales e ilegítimos, modificando disposiciones del Código Civil que databan del siglo pasado. Antes de su aprobación, la discusión pública alcanzó ribetes de gran vehemencia. Quienes se oponían no escatimaban los ad-

ma rinde un homenaje a los detenidos desaparecidos durante la dictadura, convocando a sus mujeres al escenario.

Como uno de los grandes acontecimientos artísticos en la historia del Teatro Municipal es considerada la presentación de la ópera *Boris Godunov*, de Mussorgski, por la compañía de Opera del Teatro Kirov de San Petersburgo (antigua Leningrado), que visita Chile por primera vez.

Gran emoción produce en los medios intelectuales el suicidio del escritor y pintor Adolfo Couve (1940-1998), que gozaba de un buen reconocimiento de la crítica. Publicó una decena de obras narrativas: *El picadero, El tren de cuerda, La lección de Pintura, Balneario, La comedia del arte,* entre las más destacadas.

En la producción de libros, el ensayo y la obra de investigación periodística marcan distancias con respecto al interés público por la obra propiamente literaria. Hay un tema obsesivo: Chile, y su indagación, por razones obvias, se ocupa sobre todo del campo político. Algunos de los títulos de mayor impacto, repitiendo el éxito de Moulián el año anterior: *Interferencia secreta*, de la periodista Patricia Verdugo, que reproduce los diálogos sostenidos entre los militares el día del golpe de Estado, incluidas las crudas expresiones del general Pinochet; *La cofradía blindada*, de Dauno Tótoro; *Carta abierta a Pinochet*, de Marco Antonio de la Parra; *El Chile perplejo*, de Alfredo Jocelyn Holt.

La película más vista del año fue *Titanic*. En los primeros 25 días de exhibición congregó a más de 400 mil espectadores.

Largometrajes chilenos del año: *El hombre que imaginaba*, de Claudio Sapiaín, *Cauti-*

jetivos: "No puede ni debe la ley de los hombres ofender la ley divina", declara en una carta a un diario una lectora, y agrega: "Corresponde que todos los sectores, en especial las Fuerzas Armadas, que están encomendadas a la Virgen del Carmen, reaccionar frente a esta ley".

La Comisión Nacional Justicia y Paz dependiente de la Conferencia Episcopal de la Iglesia Católica denunció que de los cuatro millones de niños y niñas menores de quince años, cerca de un millón quinientos mil son pobres y alrededor de 400 mil son extremadamente pobres, lo que significa que habitualmente pasan hambre.

Marcelo Ríos derrota en Key Biscayne (Florida, Estados Unidos) al norteamericano André Agassi, alcanzando según el ranking de la Asociación de Tenistas Profesionales el "Número Uno" entre los tenistas del mundo. El triunfo es acogido en Chile con delirio, convirtiendo al joven tenista en "el máximo héroe deportivo de la sociedad chilena de fines del milenio". Lamentablemente, la alegría dura sólo los meses en que conserva el puesto.

Chile participa en el Mundial de Fútbol. El país vive un estado de euforia cuando la selección nacional logra pasar a la segunda rueda. A su vuelta al país es recibida con gran pompa, no obstante que entre los 16 participantes en la rueda, Chile remató último.

Desaparece el diario *La Epoca* tras once años de existencia. Se acentúa, de este modo, la concentración de les medios de comunicación impresos en manos de dos grandes grupos de prensa: *El Mercurio* y el consorcio COPESA. Poco meses después anuncia la suspensión de sus publicaciones el semanario *Hoy.*

verio feliz, de Cristián Sánchez, *El entusiasmo*, de Ricardo Larraín, *Gringuito*, de Sergio Castilla. De esta última sostiene un crítico que es una "visión complaciente y acrítica del Chile actual", y otro agrega: "es la película que toda autoridad aplaudiría". En el género documental, casi extinguido en Chile, se presenta *Fernando ha vuelto* de Silvio Caiozzi, con la historia de un detenido desaparecido. Según el crítico Ascanio Cavallo "Caiozzi ha producido uno de los documentales más devastadores jamás filmados, y me cuesta distinguir si lo es por la mujer perpleja que recupera los restos de su marido después de 25 años, por la minucia cruel de los procedimientos tanatológicos o por el invisible soplo de dolor que hiela la sangre desde el relato".

"Tal vez estemos presenciando el despegue –en medio de la crisis– de una industria nacional del cine" (Ignacio Iñíguez en la revista *Rocinante)* .

Se estrena la ópera *Fulgor y muerte de Joaquín Murieta*, basada en la obra teatral de Pablo Neruda. La música es de Sergio Ortega, quien había ya compuesto las canciones intercaladas en la pieza dramática en su estreno de 1967.

Premio Nac Lit
alfonso calderón

Política, sociedad

1999 En la Antártica se dan cita los presidentes Frei de Chile y Menem de Argentina. Conmemoran, de este modo, el centenario del encuentro que sostuvieran el 15 de febrero en 1899, en el Estrecho de Magallanes, los presidentes Federico Errázuriz y Julio Roca, y que se recuerda como el "Abrazo del Estrecho". En el siglo XX, los mandatarios de ambos países se han reunido, ora en un país ora en el otro, en quince ocasiones.

El general Pinochet, recluido inicialmente en la London Clinic, se traslada luego al Groveland Priory Hospital para terminar en la residencia de Virginia Water. En el mes de abril, el ministro británico del Interior, Jack Straw, ratifica su acuerdo para que Pinochet sea extraditado a España. El proceso tiene fuertemente conmocionada a la sociedad chilena.

Muere el cardenal Raúl Silva Henríquez (1907-1999), la personalidad más eminente de la Iglesia católica chilena del siglo. Como Arzobispo de Santiago desarrolló una notable labor social y fue durante los años de la dictadura militar bastión esencial de la defensa de los Derechos Humanos.

En el terreno de la salubridad el país exhibe en algunos rubros, según datos de la Organización Mundial de la Salud, índices muy positivos. Entre 1910 y 1998, por ejemplo, la esperanza de vida en la mujer aumentó de 33 a 78 años, y en el hombre, de 29 a 72 años. La mortalidad infantil, a su vez, bajó entre 1990 y 1997, de 16 a 10,6 decesos por cada mil nacidos vivos.

Crece en las regiones sureñas la inquietud entre las comunidades mapuches, cuyas manifestaciones adquieren crecientes signos de violencia. Cabe evocar la frase de Gabriela

Cultura, espectáculos

1999 La V Muestra de Dramaturgia ratifica la vigencia y calidad de algunos nombres de autores y directores: Ramón Griffero, Andrés Pérez, Raúl Osorio, Alfredo Castro, Willy Semler, Alejandro Goic, Rodrigo Pérez y otros. En virtud de su notable presencia en la programación, el año teatral aparece además marcado por las obras de Marco Antonio de la Parra, Juan Radrigán y Jorge Díaz.

Con la presentación de su nueva novela, *La hija de la fortuna*, Isabel Allende se ratifica como el escritor más difundido de la lengua española. Sólo García Márquez compite con ella. Sin contar las innumerables traducciones a otros idiomas (ni las versiones pirateadas), el número de ediciones que han alcanzado sus libros es impresionante: *La casa de los espíritus*, 67 ediciones; *De amor y de sombra*, 39; *Eva Luna*, 34; *Cuentos de Eva Luna*, 28; *El plan infinito*, 20; *Paula*, 19. El escritor chileno radicado en España, Roberto Bolaño, gana el Premio de Novela Rómulo Gallegos, uno de los más importantes de la lengua española, por su novela *Los detectives salvajes*.

Datos entregados por la Cámara del Libro: En 1998 se publicaron 2.388 títulos nuevos, marcando un sostenido crecimiento comprobado en todos los años anteriores.

El tema Pinochet está también presente en los libros: *El accidente Pinochet*, de Armando Uribe y Miguel Vicuña; *Carta abierta a Eduardo Frei Ruiz-Tagle*, de José Bengoa, requisitoria al primer mandatario por su conducta frente a la prisión del general; *Pinochet. Epitafio para un tirano*, de Pablo Azócar. También hay libros que asumen la defensa del ex dictador: *Indebido proceso*, de Hermógenes Pérez de Arce; *Chile escoge la libertad*, de Gonzalo Rojas Sánchez;

Mistral: "Cuál más, cuál menos, todos andamos con el nudo ciego de la pena araucana dentro".

Tras nueve años de tramitación legislativa, se aprueba la reforma constitucional que reemplaza en el artículo 1° la frase "los hombres" por "las personas", y en el 19 intercala "y las mujeres" tras la frase "los hombres", conservando lo que sigue: "son iguales ante la ley". Queda así, por fin, institucionalizada la vieja reivindicación sobre la igualdad de los sexos.

En el Cerro Paranal, a 120 km. al sureste de Antofagasta y a 2 mil 600 metros sobre el nivel del mar, se inauguró el primer telescopio VLT (Very Large Telescope) que, junto con los otros tres que iniciarán sus funciones en los dos años próximos, convertirán el observatorio astronómico instalado en la zona, la European Southern Observatory, ESO, en el más importante del mundo.

Según el diario *El Mercurio* los diez deportistas chilenos más destacados del siglo son: los tenistas Marcelo Ríos y Luis Ayala, los futbolistas Elías Figueroa e Iván Zamorano, los atletas Manuel Plaza, Cristián Bustos y Marlene Ahrens –la única mujer del pelotón– el boxeador Arturo Godoy, el jinete Oscar Cristi y el corredor de automóviles Eliseo Salazar.

Tras 57 años de labor, el 31 de marzo pone fin a sus transmisiones la Radio Minería. Fuera de programas estimados clásicos, por sus ondas se escucharon algunas de las voces más prestigiosas de la radiotelefonía local: Raúl Matas, Luis Hernández Parker, Pepe Abad, Julio Martínez y muchos más.

En el mes de agosto quedan oficialmente inscritas seis candidaturas a la presidencia de

y otros que enfocan el tema desde un ángulo puramente documental: *El "caso Pinochet" ante la justicia británica,* de Jaime Lagos.

Una demanda interpuesta por el ministro de la Corte Suprema Servando Jordán origina la prohibición de *El Libro negro de la justicia chilena*, de la periodista Alejandra Matus, situación que desencadena una ola de protestas nacionales e internacionales.

Con la instalación de los multicines, tres consorcios internacionales han revertido la situación de decadencia del área, aumentando verticalmente en cinco años la existencia de salas y la asistencia de público a ellas. En un plazo muy breve, han empezado a funcionar con notable eco entre los espectadores, más de ciento cincuenta salas, en Santiago y en las principales capitales de provincia. El balance se completa con 28 salas pertenecientes a la firma nacional Conate, más unas pocas independientes dedicadas a cine-arte.

El pintor José Balmes, de vasta trayectoria como artista y formador de artistas, recibe el Premio Nacional de Arte. Por su parte, el escritor Guillermo Blanco, que es también autor de una considerable labor periodística, es galardonado con el Premio Nacional de Periodismo.

Convocados por un diario santiaguino, un conjunto de críticos y escritores eligen las diez obras de no ficción más importantes de las letras chilenas del siglo XX: *La fronda aristocrática,* de Alberto Edwards; *Chile o una loca geografía*, de Benjamín Subercaseaux; *Historia de Chile*, de Francisco Encina; *Chile, un caso de desarrollo frustrado*, de Aníbal Pinto; *Ensayo histórico sobre la noción de estado en Chile en los siglos XIX y XX*, de Mario Góngora; *En vez de la miseria*, de Jorge Ahumada; *Confieso que* la República. Por primera vez en la historia política del país, dos mujeres postulan al cargo: Gladys Marín y Sara Larraín. Dos son los nombres que se perfilan como posibles vencedores: Ricardo Lagos, candidato de los partidos de la Concertación y Joaquín Lavín, representante de la Derecha.

El 8 de octubre, un juez británico declara que ha lugar a la extradición del senador Pinochet a España. El proceso que viene puede durar años.

Promediando el año, el país alcanza una población de 15 millones de habitantes. Los ciudadanos oficialmente habilitados para participar en las elecciones suman 8.103.000, de los cuales 3.887.000 son varones y 4.216.000 mujeres.

he vivido, de Pablo Neruda; *Chile actual. Anatomía de un mito*, de Tomás Moulián, *Nuestra inferioridad económica*, de Francisco Encina, y *Sinceridad*, de Alejandro Venegas.

El cine chileno anuncia –una vez más– una suerte de renacer. Se habla de varios largometrajes nuevos, entre ellos, films de Gonzalo Justiniano, Andrés Wood, Edgardo Viereck, Leonardo Kocking, Miguel Littin, Cristián Galaz y Silvio Caiozzi. Este último dirige una versión de la novela *Coronación*, de José Donoso, mientras Littin adapta algunos textos de Francisco Coloane.

En un concurso organizado por la Municipalidad de Santiago, por votación pública se eligen "Gracias a la vida", de Violeta Parra, como la mejor canción popular chilena del siglo, *Veinte poemas de amor y una canción desesperada*, de Pablo Neruda, como la mejor obra literaria, y *Julio comienza en julio*, de Silvio Caiozzi, como la mejor película.

Fuentes consultadas

Álamos Undurraga, Luis Felipe. *Cine, crisis y control. Una mirada al cine mudo en Chile.* Tesis para optar al grado de Licenciado en Comunicación Social. Universidad Diego Portales / Escuela de Periodismo. Santiago, 1998.

Albala Cardemil, David y Ubilla Ginieis, Alejandro. *Historia del cine chileno: testimonio de sus realizadores (1973-1993)*.Memoria para optar al título de Periodista. Universidad Nac. Andrés Bello, Santiago, 1997.

Atenea. Revista publicada por la Universidad de Concepción, Año XXXV, Tomo CXXXI, Nos. 380-381, Santiago, abril-septiembre de 1958.

Aylwin, Mariana y otros. *Chile en el siglo XX.* Editorial Planeta, Santiago, 1990.

Balmaceda Valdés, Eduardo. *Un mundo que se fue.* Editorial Andrés Bello, Santiago, 1969.

Barría S., Jorge. *El movimiento obrero en Chile. Síntesis histórico-social.* Ediciones de la Universidad Técnica del Estado, Satiago, 1971.

Cáceres, Gabriela y otros *1890-1990. Almanaque histórico de Chile*. Edit. Los Andes, Santiago, 1994.

Calderón, Alfonso. *Memorial del viejo Santiago*. Ed. Andrés Bello, Santiago, 1984.

— *1900*. Edit. Universitaria, Santiago, 1980.

Calderón Ruiz De Gamboa, Carlos. *El Libro Mayor de las efemérides patrias*. Edit. La Noria, Santiago, 1996.

Crónica del siglo XX. Plaza y Janés Editores, Barcelona, 1992 (Tres tomos).

Cumplido, Francisco y otros. *Visión de Chile (1920-1970)*. Edic. CINDE, Santiago, 1980.

Del Pozo, José. *Historia del vino chileno*. EditorialUniversitaria, Santiago, 1998.

Délano, Jorge. *Yo soy tú.* Zig-Zag, Santiago, 1966.

Fernández Fraile, Maximino. *Historia de la literatura chilena*. Dos tomos, Editorial Salesiana, Santiago, 1994.

García Huidobro Mca., Cecilia. *Tics de los chilenos.* Editorial Sudamericana, Santiago, 1998.

Garvizo, Claudio y Lanata, Juan Lorenzo. *Historia de la industria de la telenovela en Chile (1959-1993)*. Memoria para optar al título de periodistas. Universidad Nac. Andrés Bello, Santiago, 1999.

GODOY QUEZADA, MARIO. *Historia del cine chileno.* Imprenta Arancibia, Santiago, 1966.

GODOY URZUA, HERNÁN. *El carácter chileno*. Editorial Universitaria, Santiago, 1991 (Tercera edición).

GODOY, ALVARO y GONZÁLEZ, JUAN PABLO (editores). *Música popular chilena. 20 años (1970-1990)*. Ministerio de Educación, División de Cultura, Santiago, 1996.

GOIC, CEDOMIL. *La novela chilena. Los mitos degradados*. Editorial Universitaria, Santiago, 1991 (5a. edición).

Grandes momentos del arte nacional, Los más. s.p.e., Santiago, 1994.

GUERRERO, CARLOS (Don Pampa). *Grandes del Deporte*. Edit. Nacional Gabriela Mistral, Santiago, 1975.

HELFANT, ANA y CARVACHO, VICTOR. *Panorama de la pintura chilena*. Tomo II. Ministerio de Educación, Santiago, 1985.

INE, Instituto Nacional de Estadísticas. *Mujeres y hombres en Chile. Cifras y realidades 1955*.

—*Anuario de Demografía*, Santiago, 1994.

— *Chile: Estimaciones de población 1950-2050*. Santiago, 1994.

JARA, ELIANA. *Cine mudo chileno*. Santiago, 1994.

La década por Editorial Los Andes. 1986-1996. Santiago, 1996.

LA HORA. *Archivos del Siglo XX.*, Santiago, 1999.

LÓPEZ NAVARRO, JULIO. *Películas chilenas*. Editorial La Noria, Santiago, 1994.

— *Grandes películas populares*, Ed. Pantalla Grande, Santiago, 1997.

MODIANO, PILAR. *Historia del deporte chileno. Orígenes y transformaciones (1850-1950)*. Dirección General de Deportes y Recreación, Santiago, 1997.

MOUESCA, JACQUELINE. *Plano secuencia de la memoria de Chile. Veinticinco años de cine chileno (1960-1985)*. Ediciones del Litoral, Santiago-Madrid, 1988.

— *El cine en Chile. Crónica en tres tiempos*. Edic. Planeta /Univ. Andrés Bello, Santiago, 1997.

MOUESCA, JACQUELINE y ORELLANA, CARLOS. *Cine y memoria del siglo XX.* Ediciones LOM, Santiago, 1998.

MÜLCHI BREMER, HANS. *El cine: re-develador de la memoria fragmentada (la aventura antofagastina de los '20)*. Tesis para optar al grado de Licenciado en Historia, Universidad Católica de Chile, Santiago, 1996.

MUÑOZ SALAZAR, LUIS E. *500 años. Cronología de Chile (1492-1992)*. Santiago, 1992.

NÓMEZ, NAIN. *Poesía chilena contemporánea. Breve antología crítica.* Fondo de Cultura Económica /Edit. Andrés Bello, Santiago, 1992 (Col. Quinto Centenario).

OSSA, CARLOS. *Historia del cine chileno*. Ed. Quimantú, Santiago, 1971 (Col. Nosotros los Chilenos).

PINTO LAGARRIGUE, FERNANDO. *Crónica política del siglo XX*. Editorial Orbe, Santiago, 1972.

PIÑA, JUAN ANDRES. *Conversaciones con la poesía chilena*. Edit. Pehuén, Santiago, 1990.

— *Conversaciones con la narrativa chilena*. Edit. Los Andes, Santiago, 1991.

— *20 años de teatro chileno*. RIL Editores, Santiago, 1998.

PLATH, ORESTE. *El Santiago que se fue. Apuntes de la memoria*. Editorial Grijalbo / Biblioteca Nacional, Santiago, 1997.

"QUÉ PASA. 25 AÑOS". *Los principales hechos. Los grandes personajes. Las mejores frases. Los documentos claves*. Santiago, 1996.

QUEZADA, JAIME. *Literatura chilena. Apuntes de un tiempo (1970- 1995)*. Ministerio de Educación (División de Cultura), Santiago, 1998.

ROA, ARMANDO y TEILLIER, JORGE. *La invención de Chile*. Editorial Universitaria, Santiago, 1994.

ROJO, GRINOR. *Muerte y resurrección del teatro chileno. 1973-1983*. Libros del Meridión. Edic. Michay, Madrid, 1985.

SANTA CRUZ, EDUARDO. *Análisis histórico el periodismo chileno*. Nuestra América Ediciones, Santiago, 1988.

SAÚL, ERNESTO. *Artes visuales. 20 años (1970-1990)*. Ministerio de Educación, División de Cultura, Santiago, 1991.

SILVA CASTRO, RAÚL. *Panorama literario de Chile*. Editorial Universitaria, Santiago, 1961.

— *Prensa y periodismo en Chile (1812-1956)*. Ediciones de la Universidad de Chile, Santiago, 1958

SOCIEDAD CHILENA DE DERECHOS DE AUTOR. *Clásicos de la música popular chilena (1900-1960)*. (Ed.: Luis Advis y Juan Pablo González), Edic. de la Universidad Católica de Chile, Santiago, 1994.

SUÁREZ, EULOGIO. *Neruda total*. Ed. Systhema, Santiago, 1991.

SUBERCASEAUX, BERNARDO. *Chile, ¿un país moderno?* Ediciones B, Santiago, 1996.

— *Historia del libro en Chile (Alma y cuerpo)*. Editorial Andrés Bello, Santiago, 1993.

TESSIER, DOMINGO. *Amor y humor del teatro. Memorias*. Editorial Universiad de Santiago, Santiago, 1997.

TORECHIO, DONATO. *Hechos de Chile*. S.p.e., Santiago, 1982.

Un siglo en la escena. 1900-2000. Ed. "El Mercurio", Santiago, 1998.

Varios Autores. *El desarrollo de Chile en la primera mitad del siglo XX (1900-1950)*. 2 Volúmenes. Ediciones de la Universidad de Chile, Santiago, 1959.

VEGA, ALICIA. *Re-visión del cine chileno*. Ed. Aconcagua, Santiago, 1979 (Col. Lautaro-CENECA).

VIAL CORREA, GONZALO. *Historia de Chile (1891-1973)*. 3 vols. (1891- 1925). Ed. Santillana del Pacífico, Santiago, 1987.

— *Los diez chilenos más importantes del siglo XX* y *Los grandes poderes de la Historia de Chile*. Diario *La Segunda*, Santiago, 1998 y 1999.

Colecciones de diarios *El Mercurio, La Nación* y *Las Ultimas Noticias.*

Colecciones de revistas chilenas: *Sucesos, Zig-Zag, Pacífico Magazine, Ecran, Ercilla, Hoy, Araucaria, Análisis, Apsi, Qué Pasa, Enfoque, Primer plano.*